NOËL, ÇA FAIT VRAIMENT CHIER

DU MÊME AUTEUR

La Capacité de s'aimer, avec la collaboration de François-Xavier Petit, Payot et Rivages, 2015
Le Désir et la Putain : les enjeux cachés de la sexualité masculine, avec Antonio Fischetti, Albin Michel, 2007
Un *homme + une femme = quoi ?,* J. Grancher, 1998 ; rééd., Payot et Rivages, coll. Petite Bibliothèque Payot, 2007

Les chroniques d'Elsa Cayat rassemblées dans cet ouvrage ont été publiées dans *Charlie Hebdo* entre février 2014 et janvier 2015.

10, rue Nicolas-Appert
75011 Paris

Illustrations
Catherine Meurisse
P. 17 : dessin de Coco paru dans *Charlie Hebdo* n°1188.

Dépôt légal : octobre 2015
Numéro d'édition : 74
ISBN : 978-2-35766-112-7
Imprimé en France par la Nouvelle Imprimerie Laballery
N° d'impression : 509255

Elsa Cayat

NOËL, ÇA FAIT VRAIMENT CHIER

SUR LE DIVAN DE CHARLIE HEBDO

Illustrations de Catherine Meurisse

Préface d'Alice Ferney

LES ÉCHAPPÉS
CHARLIE HEBDO

À Hortense

LE CHEMIN DE LA LIBERTÉ, LA JOIE D'EXISTER

par Alice Ferney

Les réflexions d'Elsa Cayat écrites pour *Charlie Hebdo* donnent la mesure de qui elle fut : une libertaire flamboyante, optimiste et idéaliste, suscitant chez ceux qui la rencontraient l'envie de la liberté et forgeant avec ses patients les moyens d'une telle conquête. Elle figurait, portée à son comble, une personne complète, amputée de rien, désentravée, devenue par ses propres forces la vivacité même. La puissance de la vie l'habitait, qu'elle renvoyait vers vous par sa simple façon d'être. Chacune de ses chroniques le martèle : en se libérant des souffrances passées qui l'enferment dans leur écho toujours ressurgissant, tout homme peut retrouver en lui le jaillissement de la joie d'exister. Elle l'avait aussi écrit dans ses livres : « La psychanalyse est un chemin de liberté, de désaliénation, de retour vers soi à travers l'exploration de la souffrance et du malheur issus du passé et de la filiation. » Elsa Cayat avait traversé cette catharsis élargie.

Son énergie était déployée. Elle incarnait le beau résultat de la libération par la parole analytique. Elle était une preuve vivante en faveur de sa discipline. Il suffisait de la voir pour croire comme elle au pouvoir salvateur des mots et de l'écoute, tel qu'elle l'évoque dans sa chronique « La folie psychiatrique ». Elle avait appris à réserver « une place à sa propre différence » et elle enjoignait chacun de nous à faire pareil, de sorte qu'il pût ensuite accueillir la spécificité d'autrui, c'est-à-dire aimer. Qu'est-ce que *aimer* ? aura finalement été la grande question de l'œuvre d'Elsa Cayat.

Je me rappelle, comme au présent de la vie, la femme qu'elle fut. Personne ne l'oublierait. De toute évidence ne pesaient plus sur elle le poids des conventions, la contrainte excessive des bonnes manières, les codes de la mode, ce que les autres pouvaient penser d'elle. Elle avait une allure d'originale, habillée comme personne, ne ressemblant à personne. Elle ne retenait pas sa grosse voix de fumeuse, ni son rire énorme, ni les grands « ouais » qui traversaient la porte capitonnée de son cabinet. Elle utilisait souvent des mots grossiers, « c'est des cons », « quel connard de dire ça », « vous les emmerdez », je ne me les rappelle pas tous, mais elle parlait ainsi, pour exprimer son refus sans appel de la bêtise et de la méchanceté. Son intelligence l'empêchait d'être jamais vulgaire, sa générosité d'être jamais choquante. Il ne restait que le génie de la rencontre : accueillir l'autre, offrir sa chaleur humaine, dans la liberté d'être soi. Dans le monde de la psychiatrie, c'est à Harold Searles que je la comparerais : audacieuse et tendre pour une pratique de l'analyse qui suit son intuition sans avoir peur et qui ose tout dire. Parce qu'on peut tout dire si on sait dire et si on sait entendre, pour faire advenir l'autre au meilleur de sa relation à sa vie. Comme le font maintenant ses chroniques, son comportement sans cesse rappelait que la pensée est le contraire du jugement, et que l'intuition se nourrit d'abord à la sensibilité.

Elsa était une rencontre comme on en fait peu. Pour ses patients, elle fut souvent LA rencontre de leur vie. Je suis certaine que tous avaient le sentiment de se trouver en face d'une personne d'exception qui demeure aujourd'hui irremplaçable autant qu'on peut l'être. Pour tous ceux qui lui ont confié leurs histoires, lire le recueil de ses textes sera une manière de retrouver sa voix. Pour les autres, qui n'ont pas vécu cette stupéfaction bienfaisante de la connaître, ce sera découvrir le pouvoir investigateur qu'elle possédait.

Car Elsa Cayat fut une travailleuse solitaire et silencieuse, veillant tard à son bureau après la journée de consultation, presque en secret, pour scruter le puzzle en mouvement du monde sans éluder aucune des questions qu'il suscitait. Les chroniques en témoignent : à la lumière de son expérience clinique, grande lectrice des philosophes et même des romanciers, Elsa Cayat s'est colletée aux problèmes de société tels que nous les posent les évolutions sociales, économiques et techniques. (L'euthanasie et la GPA sont les meilleurs exemples de ces nouvelles questions.) Pour chaque sujet abordé, il s'est agi pour elle de remonter à la source. Quel était *en vérité* ce problème ? D'où venait-il ? Sur quoi se fondait-il ? À quoi se heurtait-il ? Avec quoi résonnait-il en nous ? Voilà ce que systématiquement se demandait la psychanalyste. Pas question de rester à la surface, il fallait descendre vers les origines, repenser nos héritages, « faire voler en éclats les écrans », questionner les préjugés. Puisque l'humain était la source des formes de la société, puisqu'il avait forgé au fil des siècles les principes, les règles, les coutumes, les pratiques, d'où venaient les métamorphoses, les progrès, les débats qui nous troublaient, d'où venait notre trouble, sinon de l'humain lui-même ? Certaine, à la manière d'une Françoise Héritier, que ce que nous croyons fondé en nature est en réalité le produit des réflexions de l'esprit humain, Elsa Cayat était capable d'imaginer que toute chose pût être autrement, tenant que les événements et les conflits d'idées qui faisaient notre actualité étaient les symptômes à décortiquer pour comprendre les enjeux sous-jacents. Elle perçait ainsi à jour dans sa réflexion la mécanique intrinsèque de notre système capitaliste (« cette course sans fin à la non-dépendance matérielle ») et chrétien qui « connote péjorativement l'amour de soi » alors que toute capacité d'amour s'ancre dans celui-là, et l'on ressent parfois qu'elle remonte aux sources du malheur, de la haine, de l'agressivité. On peut dire que les chroniques sont ce dépiautage des couches souterraines du réel et témoignent que l'opération était menée parfois avec rage, et, disons-le, cet aveuglement propre à l'idéalisme.

*

Le commencement d'une chronique du docteur Cayat est donc toujours une question : la vraie question derrière la question. L'individu s'appartient-il ou appartient-il à la société ? Quelle relation existe-t-il entre notre idée de la mort et notre vision de la vie ? Que cache la peur de la mort ? Ou encore : Qu'est-ce qui fascine dans la violence ? Quelles sont les racines de la haine ? Comment comprendre la tragédie de la Shoah ? Quelle est la fonction de la culpabilité ? Le racisme, qu'est-ce que c'est ? Quelle est la différence entre l'amour et l'emprise ? Quelle fut la découverte monumentale de Freud ? Qu'est-ce que l'enfant ? Où en est aujourd'hui la psychiatrie ? En quoi consiste la révolution inouïe de la psychanalyse ?

Les réponses d'Elsa Cayat se fondent sur les lignes de force d'une vision de l'homme construite par la découverte freudienne de l'inconscient, des rêves, des fantasmes, et la double place du langage telle que l'a comprise Lacan.

Elsa Cayat pioche dans le réel avec ces outils qu'elle garde à portée de pensée. L'euthanasie, le racisme, la violence, la Shoah, le capitalisme, les techniques de procréation, la famille, Œdipe, l'amour, Noël, ces sujets sont passés au tamis de sa science avec laquelle elle en a d'abord établi le centre. Les réponses sont parfaitement inhabituelles. Elsa Cayat assène des vérités si énormes qu'on voudrait les nier, mais non, on y repense et on devine qu'elle a raison. « L'homme est un être qui sans le savoir a peur de tout. » « Nous sommes codés jusqu'à l'os par notre propre vécu. » « Le fond du problème enfoui chez l'homme est la peur de l'abandon. » « Le propre du présent est de réactualiser (de rameuter) le passé. » « L'intimité est le chaudron où sont prêtes à bouillir toutes les anciennes douleurs que le présent réveille. » « Le secret imprononçable, c'est la part de haine en nous transmise par ceux qui nous ont engendrés. » Et si l'auteur demeure optimiste, c'est que la quête du sens et la passion de la culture s'ajoutent chez elle à la certitude que, dans la grandeur humaine, il y a la possibilité de transformation de l'esprit. Rien ni personne n'est figé, répète Elsa Cayat. La psychanalyste évoque sans cesse cette capacité de restauration et de révolution, répétant sa foi dans l'émancipation réflexive, et refusant au passage de voir niée par la « psy made in USA » cette richesse dynamique. Elle dit sa crainte de la normalité mécanisée et des protocoles. Le mot

« magie » revient souvent sous sa plume : magie du sens, magie des mots, magie du renouvellement. En nous laissant une définition de la psychanalyse comme « passion du déchiffrage de la souffrance humaine », par la fraternité entre l'analysant et l'analyste, elle dit son choix de la psychanalyse contre la psychiatrie, dont le diagnostic, s'il renonce à la parole vive, peut parfois « sceller une dalle ». Elle répète le pouvoir transcendantal, sacré et pacificateur, de la parole. Dans son dernier article, paru après sa mort, elle retrouve des thèmes de son premier et de son dernier livre, dessinant une boucle, finissant une recherche, celle de la capacité de s'aimer. S'aimer les uns les autres, s'aimer soi-même.

*

Parfois la chroniqueuse est lancée sur son idée, aveugle aux obstacles, juchée sur sa capacité personnelle de penser librement. Elle s'est construite l'idée précise d'un monde idéal (utopique ?) dans lequel chacun, déchargé de sa souffrance d'enfant, serait autonome et capable, heureux et aimant, donc par exemple n'exploiterait personne. Alors elle s'étonne des limites que le droit impose à la violence faite à autrui et même des outils du droit, ainsi cette différence cruciale qu'il fait en France entre les choses et les personnes. C'est qu'en idéaliste elle veut croire que personne ne traiterait personne comme un objet...

Les faits (qui ne mentent pas) nient pourtant ce monde idéal (non encore advenu). Les comportements ne témoignent pas de la maturité psychique ou de l'harmonie que la psychanalyste place (implicitement) à la source de ses avis sur les interdits et les permissions que le législateur est amené à poser ou à accorder. On dévore de l'antidépresseur. On conduit encore en état d'ébriété. On exploite autrui sans vergogne. Le contrat privé pourrait mener à l'esclavage consenti tant devient grande la souffrance du chômage. Pour ces raisons, le consentement éclairé ne saurait suffire dans ce monde réel où le droit précisément a pour mission de protéger les plus démunis contre de tragiques consentements. La liberté d'Elsa Cayat était peut-être si rugissante, si désireuse d'un monde heureux, qu'elle refusait la réalité qui s'y opposait et faisait objection à son idée. Pensons néanmoins à son idée. Libres, autonomes, responsables et capables : cette ambition que la psychanalyste entretenait pour nous peut donner le cap de nos quêtes encore inachevées.

ELSA CAYAT:
"ATHÉISTE PRATIQUANTE"
JE NE CROIS QU'EN LA PSYCHANALYSE
COCO.

NOËL, ÇA FAIT VRAIMENT CHIER

Les enfants adorent Noël. Ce moment particulier où se conjoignent la magie du froid, la chaleur de l'amour et la féerie de la terre et du ciel symbolisée par le Père Noël. L'enfant, c'est la sensibilité, l'extériorisation des émotions, l'absence de mauvaise conscience, la confiance, les flots de questions. Il est le questionnement ouvert à la vie, la capacité de divinisation dont découle son ouverture au merveilleux, des hommes et du monde, qu'il voit.

Chez l'adulte, un couvercle de semblant s'est mis à colmater les blessures, à oublier ses richesses et à broyer du noir. Or l'analyse consiste à remonter le fil du temps, à transformer la merde, le noir enterrés au fond de soi en or, afin de retrouver cette ouverture de l'enfance.

Une femme me dit : « Noël, ça fait vraiment chier. J'adore préparer Noël pour mes enfants mais voir mon père, assister à l'atmosphère mortifère qu'il fait régner, ne me dit rien. » Elle entend « ne me dit rien ». Elle rit et se rend compte qu'elle attend depuis toujours qu'il lui parle enfin… « Dans les repas familiaux de Noël, une chose me traumatisait. Mon père faisait planer la menace d'une explosion. La parole était interdite mais, par-dessus tout, il avait une manie tunisienne que j'avais en horreur, celle d'avaler des yeux de poisson. J'étais littéralement dégoûtée. » Dans ce dégoût pour ce père qu'elle admirait, dans ce mot « dégoût », elle relève qu'elle était sa bouche d'égout. Il prenait tellement de place que son propre dégoût était une façon de se reculer à l'extrême pour qu'il y ait des goûts et pas seulement le sien. Mais, de façon plus profonde, elle s'aperçoit que cette sensation répulsive provenait du fait qu'elle ne supportait pas qu'il ne soit pas parfait. Tout en vomissant son autorité, elle le maintenait absolument en position de toute-puissance ; ce qui fait qu'elle n'accédait pas à son cœur.

Elle rentre plus avant dans son souvenir : quand je le voyais avaler ces yeux de poisson, c'est comme si je devenais littéralement les yeux du poisson, j'étais avalée par lui. Pas à pas, elle réalise ce qui l'a marquée symboliquement au-delà de cette scène. Par son omniprésence et par l'interdit qu'il jetait sur la parole, c'est comme si elle était aveugle. Elle adhérait hypnotiquement à toutes ses injonctions, elle était ainsi lourde du poids, du son qu'elle ne pouvait pas émettre. Elle réalise qu'elle avalait toutes ses paroles et qu'elle s'aveuglait sur lui car elle le divinisait comme autorité, aussi elle passait à côté de son cœur.

De la voie passive, elle passe à la voie active. Elle se rapproche encore plus de la scène. Elle voit à présent que la menace qu'il faisait planer sur la famille était une façon de détourner leur regard de sa souffrance qui gémissait silencieusement au fond de ses entrailles. Nous sommes sur la trace du lien inconscient qui unit le cœur, la pensée et l'ouïe.

L'odyssée de l'inconscient découvre qu'avec les yeux du cœur l'enfant capte hypnotiquement ce qui se passe derrière les dits et les non-dits des parents. Il observe les tressaillements du visage, inconsciemment il imagine, et un décodage se fait par le son qui dénoue de façon doublement triangulaire ce qui se joue chez son parent et ce que ce jeu induit chez lui. Cette triangulation étoilée, ce double décryptage par le cœur se cristallise dans les mots refoulés à partir des sens, la pensée tissant des liens en arrière de lui sur ce qui ne se dit pas et sur ce qui ne se voit pas à première vue. La base du lien parent/enfant est hypnotique, l'adhésion induit nécessairement un manque d'amour apparent. L'analyse consiste à retisser les liens dans lesquels nous sommes pris car c'est toujours de notre toile d'araignée dont nous pâtissons. Or cette toile est lumineuse, elle dénoue aveuglement et malentendu en nous ouvrant sur la féerie du cœur.

Je rêve que je me fais fourrer l'anus avec des marrons...
Je vois une garniture et un liquide rouge...
non, plutôt blanc...
Justement, vous pourriez m'aider à choisir le pinard qui vous accompa-gnerait le mieux ?
CATHERINE

L'ÉTAT DE VIE OU DE MORT

L'euthanasie doit-elle être légalisée ? Cette question recouvre un problème majeur dans un État de droit. L'homme est-il censé être un individu autonome et responsable qui s'appartient, ou appartient-il à la société ? Tant que l'euthanasie n'est pas autorisée, l'État a tranché. L'homme appartient au corps social, car s'il ne peut pas décider de sa mort, il ne peut pas décider de sa vie. Il est sommé de donner sa tête à la société, qui, de fait, n'en a plus. Ce problème va plus loin. La question de la mort est coextensive d'une vision de la vie. En effet, vouloir maintenir artificiellement la vie dans d'atroces souffrances contre le gré de la personne lorsque l'issue est inéluctable, c'est accepter la torture au nom de la soi-disant sacralité de la vie. C'est n'accorder aucun prix à la vie et fétichiser la mort.

Si on se penche d'un peu plus près sur ce problème, l'amour est la question qui se profile derrière la mort. Cet interdit juridique recèle un fragment de la conscience que l'homme a de sa grandeur dans le contexte actuel. À savoir une image extrêmement paradoxale : une face apparente exaltant la vie et en sous-main l'amour, une face cachée qui laisse se détruire et l'amour et la vie. Dans l'interface de ce paradoxe surgissent la lâcheté et l'irresponsabilité qui sous-tendent cet interdit. La psychanalyse montre que ce que l'on met sous l'idée de la mort n'a rien à voir avec la mort. Quel que soit l'angle de vue que l'on adopte pour appréhender la peur de la mort, la peur redoutable de la perte d'amour est au cœur de la question.

Un homme très fin me racontait récemment qu'à l'âge de dix ans, après avoir regardé en famille le feuilleton « Bonne nuit les petits », au moment de dormir il est pris d'une panique extrême, d'une violente peur de mourir. Il appelle sa mère, qui le prend dans ses bras et le cajole. Il retient à la fois ce moment de panique extrême où la mort surgit avec brutalité dans sa vie et le fait que sa mère ait été une maman qui console après qu'il l'a appelée. Sa peur de mourir surgit à dix ans, et elle surgit après avoir vu ce feuilleton, *Nounours,* où les enfants sont des enfants, avec leur innocence, leur capacité d'émerveillement, l'absence de mauvaise conscience, l'amour protecteur dont ils sont l'objet et qu'eux-mêmes diffusent.

Lorsque cet enfant est ramené à la réalité de son lit en sortant de « Bonne nuit les petits », il est saisi par un sentiment de panique extrême. Ses parents ne sont pas Nounours, ils n'ont plus accès à leur fragilité, à leur mortalité, ils sont isolés devant leur télé. Ils sont la mauvaise conscience incarnée qui ne peut plus être dispensatrice d'amour. Cette peur de la mort est un sentiment d'abandon très fort, si fort que l'enfant a peur de s'abandonner. Sa peur de mourir est une envie de mourir confrontée à la réalité de ses parents, qui ne sont rien de ce qu'il croyait.

L'accent est à mettre sur l'âge, dix ans. Cette prise de conscience qui va le conduire à dire (disant) et à appeler sa mère, à exprimer quelque chose de sa détresse. Il commence à grandir en exprimant sa souffrance et en demandant de l'amour.

Derrière la question de la mort se cache la question de la vie, et derrière la question de la vie se cache la question de l'amour. Le jour où la souffrance ne sera plus vue comme une obscénité et que la violence ne sera plus vue comme une toute-puissance fascinante là où elle n'est que le témoignage d'une impuissance, alors se profilera l'horizon de la liberté.

Je veux mourir... il est temps de me débrancher...
NON ! J'ai dit non !
Mais enfin, maman, je n'ai plus 10 ans, respecte un peu ma volonté...
Ah, ne fais pas ton caprice, hein ! Tu m'en as fait assez voir comme ça ! Déjà dans mon ventre tu donnais des coups de pied
Voyons, maman, je ne suis plus qu'un légume...
Bien fait ! Tu n'as jamais aimé le chou-fleur que je te cuisinais, ni mes salsifis... le Bon Dieu t'a puni !
CATHERINE

VIOLENCE ET IMPUISSANCE

On ne peut se contenter de réduire la montée de l'extrême droite en France à un signal d'alarme tiré à l'encontre des gouvernants. Cela reviendrait à banaliser la noirceur qui s'annonce en la légitimant, puisque, à trop bien la comprendre, on va dans le sens de ce vent peu amène, on l'augmente.

La vraie question est donc : qu'est-ce qui fascine dans la violence ? N'importe quel enfant est collé au parent autoritaire et violent, il sera aliéné à lui et sera en demande d'amour à son égard. L'impact de la violence sur l'enfant auréole l'Autre d'une toute-puissance revêtant un air de désir et de liberté. Là où la violence est mêlée d'impuissance, de souffrance, et de haine. Or ce sont ces trois propriétés que l'enfant va prendre sur son dos pour protéger et le fantasme de l'amour de son parent et la toute-puissance de l'autorité. Par quoi il va se mettre à porter le parent autoritaire en attente d'être reconnu et aimé. Les rôles seront inversés, l'enfant sera le parent du parent. Néanmoins, dans ce lien de possession, quelque chose de subtil entre en jeu. L'enfant porte aux nues l'autorité pour détourner le regard de l'autre de lui. Afin que cette autorité n'intruse pas en lui et n'aperçoive pas sa haine. C'est ainsi qu'à la violence de l'autorité l'enfant soustrait la dimension haine en la prenant à son insu à son compte. Par quoi il fera équivaloir autorité, liberté et désir en s'aveuglant et sur la souffrance, et sur la haine, qui motivent hypnotiquement toute violence. Le problème, c'est que, pour l'adulte, c'est la même chose.

Ainsi, à l'origine de la fascination qu'exerce la violence, il y a l'obscénité liée à la souffrance. Ce qui est souffrance est rejeté de l'homme. Elle est tellement niée et enfouie profondément qu'elle est même conçue de l'intérieur comme une preuve d'amour. C'est quand l'homme souffre qu'il s'aperçoit qu'il aime. Non quand il est heureux avec l'autre. C'est souvent sur la souffrance refoulée qu'il apprend à rebondir. La dureté au mal est exaltée comme une preuve de virilité. D'ordinaire la souffrance est enterrée à un tel point qu'il peut s'en faire presque une amie. Néanmoins, il ne veut pas la voir à l'extérieur chez l'autre, car il ne veut en aucun cas la lâcher.

À cet égard, le silence qui a entouré les rescapés de la Shoah, ce long silence meurtrier qui leur a fait porter dans la honte la douleur de la torture et de l'humiliation, le temps qu'il a fallu pour que les autres portent un regard humain sur eux, pour qu'à leur tour eux-mêmes puissent reconnaître leur souffrance, exemplifient de façon caricaturale le rapport de chaque être humain à sa souffrance. Ce rapport tordu à lui-même l'empêche de faire face s'il est agressé, par quoi il encaisse, il encaisse, puis il explose. C'est dans cette veine qu'est exaltée la violence de l'autre (si tant est qu'elle soit cautionnée par une rationalité) car il s'identifie à celui qui dit non, pour lui.

D'où vient cette attache secrète à la souffrance, cette difficulté à l'extérioriser et du même coup à la voir à l'extérieur chez l'autre ? Dans la tête de l'homme, souffrir veut dire être abandonné, être abandonné veut dire être coupable et mériter de ne pas être aimé, ne pas être aimé veut dire ne pas être aimable. C'est de cette série d'équivalences erronées issues de l'enfance qu'en condamnant sa souffrance à l'absence d'extériorisation on nie sa haine. Et en niant et sa souffrance et sa haine, on s'empêche de voir en face son passé, pour ne pas savoir que l'amour parental n'a jamais été l'évidence à laquelle on voulait croire envers et contre… soi-même.

Acceptez-vous devant témoins de prendre pour épouse la Souffrance, ici présente ?
Oui... Enfin pas devant témoins !
Rassurez-vous, personne n'est au courant, pas même vous.
La Souffrance, vous jurez de faire du mal à monsieur votre époux, ici présent, et de lui être fidèle ?
Oui
PAF !
CATHERINE

GENÈSE DE LA SHOAH

Cette tragédie, c'est quoi ? Ce sont des Allemands qui tentent de se désenvoûter du peuple juif en l'exterminant. Les nazis ont tenté de relever l'âme allemande de l'humiliation de la Première Guerre mondiale par une substitution de puissance fantasmatique, car cette destruction est bel et bien le produit de l'externalisation d'un fantasme dont les Juifs étaient l'objet. Eux qui étaient les hôtes minoritaires de ce peuple les avaient à leur insu, en quelque sorte, envoûtés.

Le paradoxe de l'affaire, c'est que le peuple allemand n'avait rien à envier au peuple juif, c'était un des peuples les plus éclairés du monde. Selon Freud, la notion de peuple élu est à l'origine de cette envie. Alors que cette notion de peuple élu est très fragile, même si elle montre que croire que l'on est élu par Dieu induit l'aspiration aux profondeurs de l'esprit, néanmoins le vrai problème est qu'à cette période charnière de l'Histoire les Allemands ont adhéré à cette notion.

Aussi, il faut aller plus loin et se demander d'où vient cette fascination mêlée d'envie et de désir de rabaissement à des fins de rehaussement et de rassemblement ? En effet, l'antisémitisme courait depuis des siècles, il a explosé dans toutes ses conséquences en 1940 en Occident.

Je pense qu'à l'origine de cette fascination destructrice il y a la schizophrénie qu'a engendrée le christianisme à partir du moment où l'Église a déraciné son dieu de ses origines juives.

La planète entière est chronodatée sur la naissance de Jésus, dont on a coupé l'arbre généalogique. Arbre dont procèdent son être de chair et d'os, son enseignement et sa parole. C'est à cette aune que la persécution des Juifs s'est poursuivie par vagues, du fait de cette section de l'origine transmuée en meurtre d'un homme-dieu par les siens. Cette persécution des Juifs est la résultante de la persécution des chrétiens à l'égard d'un dieu qui ne leur appartient pas, persécution d'autant plus vive que la transmission de cette religion se fait quasiment par le sang. Elle est restreinte. À quoi fait écho en miroir l'exaltation de la « race » aryenne promue sur le sol de la destruction de la « race » juive. D'un point de vue largement plus symbolique, cette coupure dans la frise chronologique fondée sur le mensonge des origines de ce dieu, c'est l'homme coupé de ses origines, coupé de ses racines, mais du même coup c'est l'homme coupé de son intériorité.

En d'autres termes, la Shoah est la recoupe explosive de ce moment clé de l'histoire du monde, de ce mensonge sur l'origine, dans toutes ses conséquences monstrueuses et caricaturales.

La tentative de dématérialisation des Juifs est l'écho de la dématérialisation des origines du dieu sur laquelle l'Église a fondé l'horloge temporelle du monde. C'est la recoupe de cette première coupure, mais c'est également la chute dans cette falsification de l'origine dont nous supportons encore à notre insu les déflagrations.

Certaines personnes, très vives au demeurant, nous disent parfois « j'en ai marre d'être sans cesse culpabilisé avec la persécution des Juifs », la question est « pourquoi se sentir coupable ? ».

Il s'agit d'interroger ce qui se cache derrière cette culpabilité. Or ce qui se cache peut se simplifier à l'extrême. On préfère se sentir coupable de la souffrance de l'autre que de voir sa souffrance. Or voir sa souffrance, c'est également réaliser sa haine. La reconnaître évite de la mettre en acte dans la violence. Le réel problème est que tout homme comprend à la fois un Juif et un nazi en lui-même. Mais cela demande précisément de remonter à ses racines en suivant le fil conducteur de sa souffrance sans la nier car le phénomène homme dans toutes ses dimensions est en nous-même. Il n'y a qu'à se pencher et défricher afin que notre parole puisse véritablement s'accorder à nos battements de cœur.

Je suis Juif. Mais je suis un peu nazi, aussi.
Qu'est-ce qui vous fait dire ça ?
J'ai été persécuté, d'accord. Mais je règne sur la terre entière, j'ai le fantasme de toute-puissance.
Comme Hitler, j'aime peindre. Je marche sur la peinture à l'eau.
Comment voulez-vous que je sois équilibré, avec un père abandonnant et une mère vierge ?
CATHERINE

LE SQUELETTE FAMILIAL

Certaines personnes manifestent dans les rues contre le mariage homosexuel, contre la grossesse pour autrui, contre la théorie du genre, qui se voit caricaturée et déformée au point d'être dénaturée de son sens. Ces manifestations sont le symptôme de l'uniformisation capitaliste, qui aplanit toute différence en engendrant la confusion. Une confusion telle qu'aujourd'hui on lutte contre le surcroît de liberté.

Ce mouvement pro-famille n'est pas simple à appréhender. En effet, même si le monde a toujours oscillé entre l'élan vers la liberté et le désir d'autorité, dont le propre est de resurgir dans une période de décadence, ce retour à la famille coextensive au retour à la patrie et à la haine de l'étranger est très inquiétant. D'où vient-il ? Nous assistons, hébétés, à l'explosion d'un système sans tête dont nous sentons quotidiennement la déflagration. Nous voyons apparaître de façon caricaturale son fonctionnement manipulatoire qui rabat tout ce qui est humain en l'homme, à savoir la pensée, la créativité, l'amour, le sens, la souffrance, à son instrumentalisation. Par quoi nous sommes pris dans un mouvement de repli vers le connu, vers ce qui rassemble et ce qui circonscrit : la famille, la nation, avec au passage, pour plus de rassemblement, la haine de l'étranger.

Cependant, cette revendication de protection de la famille naturelle, qui prône confusément l'amour familial, est le strict produit du système contre lequel elle s'érige. En effet, cette conception de la famille naturelle est abusive, à l'instar du système qu'elle dénonce. Car elle sacralise bel et bien la famille hétérosexuelle sur le sol de l'exclusion des familles homosexuelles, des familles désireuses de grossesse pour autrui. Elle idéalise la famille au nom de la nature en niant l'évidence qu'aucun psychanalyste ne saurait ignorer, à savoir sa face noire où règnent en huis clos le non-dit, la haine, la violence, la surdité, l'inceste, l'autorité, la terreur, la culpabilité, la solitude, la méconnaissance de soi. L'amour étant censé être hors de question dans la famille, il devient très vite hors de question littéralement.

Aussi, pour pouvoir idéaliser la famille, c'est-à-dire la penser réellement sans exclure qui que ce soit, il faut revenir sur ce qui rate dans la famille. Car le problème pour tout homme est d'en sortir pour se retrouver. À cet égard, la pensée est le contraire du jugement. La pensée dénoue les schémas qui produisent les ratages, et c'est en cela qu'elle idéalise réellement, car elle transforme le négatif en positif par la prise de conscience de schémas dont nous sommes prisonniers. Nous sommes codés jusqu'à l'os par notre propre vécu, mais nous pouvons décoder ce que nous sommes à partir des malaises et des souffrances auxquels la vie nous confronte.

La famille forme notre squelette, elle articule à notre place les maux de nos malaises, qui sont d'abord ceux que nos parents ont imprimés dans notre chair. Mais, du même mouvement, cette confusion nous dépossède de notre être propre. Les marques de nos souffrances se traduisent dans notre corps, nos attitudes, nos trébuchements, nos hésitations. Nos ratages sont les traces d'un passé que l'on peut sublimer en retrouvant l'amour de soi, si l'on s'attache à décoder l'écho des leçons du passé que l'on a apprises par cœur à nos dépens. Il faut donc faire retour sur ce qui a été appris par cœur, car, par le cœur, l'enfant boit les reflets négatifs de lui-même qui lui ont été renvoyés par ses parents, par le cœur il écoute et obéit à ce qui a été dit de lui, quand bien même ses échos comme ses reflets négatifs s'avéreraient des héritages dont ses parents se sont déchargés sur lui.

N'oublions pas que la famille est d'abord le savoir nié sur la souffrance passée, ce en quoi l'amour est le tiers exclu du système qui le fait tourner autour de son rêve, là où il pourrait être réel.

On se regroupe, on se serre bien les coudes, on se tient chaud…
personne ne sort du cercle familial, c'est compris?
Pas de mixité, pas de pédés, pas de contre-nature, dans notre ronde…
Attention, y en a un qui s'échappe!
PAN!
merde, c'était l'Amour.
CATHERINE

JOUIR DE SOI SANS ENTRAVES

Lacan réfutait la question du bonheur, or c'est la seule question qui vaille pour s'orienter dans la vie. Lorsqu'on se penche sur soi et qu'on se demande quel est le sens de la vie, la première réponse est « être utile ». C'est vrai, mais ce n'est pas suffisant, car on devient tributaire de l'autre, si bien que lorsque personne ne nous utilise, nous nous sentons abandonnés et nous nous abandonnons en ne nous sentant pas aimés. Si on change de point de vue et que l'on se fait plaisir, la donne se modifie. On ne se prend plus pour un objet et on sort de la dépendance à l'autre.

Le problème est que, dès tout petit, au lieu de nous apprendre à nous émerveiller sur l'énigme palpitante qu'est chaque homme, sur l'illustre inconnu que nous sommes pour nous-même, au lieu de nous éveiller à la magie du monde grandiose de correspondances qui, par moments, nous traverse physiquement dans sa poésie, nous sommes formatés à ne pas nous aimer et à considérer notre corps comme ne nous appartenant pas, mais comme appartenant à la famille.

C'est dans cette dépossession de soi que s'enracine le tabou de la masturbation : notre corps ne nous appartient pas, il ne peut être source de jouissance pour nous-même. Mais également la sacralisation du savoir : notre tête ne nous appartient pas, c'est l'autorité qui sait. À l'école, nous sommes censés recracher par cœur ce qui est dit. Nous sommes ainsi conditionnés à ne pas explorer notre intériorité, à être dans la détestation de soi, à n'exister que pour l'autre et à être dans l'obligation d'aimer.

« Aime ton prochain comme toi-même ! », ordonne la religion catholique. De fait, l'homme aime son prochain comme lui-même, avec le résultat désastreux que l'on connaît, puisque à la base l'homme se trouve dans l'obligation d'aimer en ayant le devoir de s'oublier et donc de se fermer à lui-même, au monde, de se castrer de ses sens et de sa créativité. Il est conditionné à faire plaisir pour se faire plaisir, à faire bien pour être aimé, à se soumettre à une autorité fictive pour après... Jusqu'à ce qu'à l'aube de sa mort on ne devienne que le remords de n'avoir pas joui de la vie. Et là, on sait qu'en réalité c'était pour des conneries.

La notion d'égoïsme est paradigmatique de ce système qui connote péjorativement l'amour de soi. C'est ainsi qu'il produit des hommes à l'envers en miroir de l'autre, en proie à l'agressivité qu'ils absorbent sans écart et qu'ils doivent enterrer avec leur souffrance. Pourquoi ?

Pour faire semblant d'aller bien et faire semblant d'aimer. Du coup, ce qui est refoulé est la haine, la souffrance, la culpabilité, et donc il ne reste que l'anticipation du pire qui est sa conséquence.

Or, il y a un au-delà au miroir qu'est l'autre, à qui l'on fait crédit a priori, à qui l'on donne du pouvoir à nos dépens, le pouvoir de nous reconnaître, nous qui ne nous reconnaissons pas. Cet au-delà du miroir réside dans les sens, par lesquels nous pouvons savourer la beauté du monde, et dans le sens interdit du langage, qui recèle la clé des codes qui nous ont normé à l'envers de nous-même. Le langage est le médium universel qui nous lie à l'autre en nous projetant à la périphérie de nous-même tant que nous ne nous ouvrons pas à son pouvoir occulte. Ce pouvoir capture nos sens, notre tête, notre corps et notre cœur, au point que notre vie devienne une absurdité. Car c'est la surdité à nous-même qui grève la jouissance (j'ouïs sens).

Ce savoir dérobé sur l'essence des choses est à conquérir afin que notre vie prenne un sens, le sens de l'échange transformateur, porteur d'effervescence, l'échange s'enracinant également dans les chants du je.

Tu as fait les courses, mon chéri ?
oui, mon amour ...
j'ai pris de l'utile, de l'agréable, du sacrifice, de la dépendance en spray et du tabou en boîte.
T'as encore oublié de prendre de la jouissance.
merde !
CATHERINE

EFFETS DE RETOURNEMENT

Chaque jour, je suis fascinée par la puissance transformatrice de l'esprit humain. L'esprit code tout ce qui a été marquant dans l'histoire du développement de l'individu. À savoir : tant ce qui a fait souffrir que ce qui se grave comme possibilité de lier le corps et l'esprit en vue de la jouissance.

Ce codage, soustrait à la conscience, se traduit à plus ou moins grands bruits en fonction du présent, dont le propre est de réactualiser le passé. L'écho muet de ce codage se diffuse dans les comportements inappropriés, dans les ratages, dans la gamme des émotions, dans la palette des sensations, dans les douleurs de l'esprit et du corps, dans les maladies.

Ces différents codages, sources de toutes les barrières mentales, peuvent se lire en libérant l'individu de sens soustraits à la conscience qui l'agissent et l'agitent en sous-main, à l'instar d'un prisonnier.

Une femme se fait agresser verbalement très brutalement par son compagnon. Elle reçoit ses dires sans pouvoir articuler un mot tant elle est surprise par sa violence. Elle arrive défaite en séance. Elle veut que je voie à quel point elle est mal, afin de pouvoir réaliser sa souffrance et cesser d'accepter n'importe quoi pour être aimée. En racontant ce qui s'est passé, elle se rend compte que son conjoint a retourné la situation en se posant en victime offensée. Par quoi elle s'est fait retourner, elle s'est fait métaphoriquement sodomiser, au point d'être sidérée par le choc et d'être dans l'incapacité de penser dans un premier temps. Ce retournement de situation est tel qu'il lui donne même envie de le récupérer quitte à ramper et à s'humilier. En bref, il lui donne envie d'y retourner.

Nous voyons qu'à la base de ce circuit actif il y a le retournement. À savoir la confusion de l'emprise et de l'amour. La faute est retournée entièrement sur elle et elle la re-soi au point de devenir rien.

Dans une analyse, tout est à l'œuvre et tout parle. Lorsque le sujet montre quelque chose avec insistance sans pouvoir en dire quoi que ce soit, on donne la parole à sa démonstration pour qu'il se hisse sur le sol qu'ouvre le langage. Ici, je suis défaite : je suis des faits incompréhensibles. L'analyse fait résonner le médium langagier de façon réelle en rendant sonore l'écho muet de l'effet.

La parole a différents pouvoirs transformateurs. En relatant les faits et les effets dont on est la proie, on projette la situation passée dans l'espace de l'analyse. La parole a ceci de fondamental qu'elle permet de visualiser la situation, de dessiner le sens qui s'est joué avec l'autre de façon subliminale. En parlant, la personne voit la position dans laquelle elle a été mise sans recul, ici au point d'être sidérée (sciée tellement elle a adhéré à ce qui a été dit). De plus, elle repère la place où inconsciemment elle a mis l'autre odieux. À la place d'un Dieu. Nous pouvons ainsi remarquer que si la parole permet de dessiner visuellement le sens de ce qui s'est noué dans le corps en démêlant la part du sujet et celle de l'autre, par la parole se découvre également la « voix » rapide vers le sens capable de dénouer le lien de cause à effet de façon saisissante : l'ouïe.

En remontant le sens interdit de l'intimité où bouillent des anciennes douleurs prêtes à se réveiller, on découvre le sens interdit des mots qui révèlent le leurre de cette douleur lié foncièrement à l'adhésion à l'autorité.

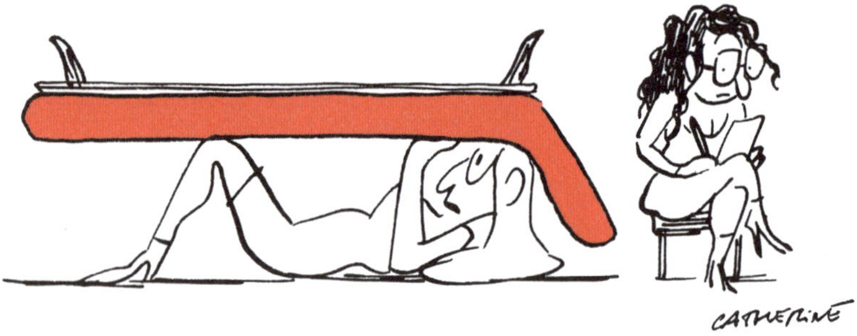
CATHERINE

AUTORITÉ PARENTALE

La plupart des hommes ont une relation victimaire à l'autre. La haine, l'homme se l'autorise quand il est victime, le plus souvent il la tait et s'interdit de la penser. Même si la principale issue à la haine, dont personne n'est exempt, est ordinairement le racisme. Or, le racisme, c'est quoi ? C'est la haine de l'étranger que l'on est pour soi, projetée sur l'autre. La singularité est rarement assumée puisqu'elle est vue habituellement comme négative. On met la faute sur l'autre pour exprimer son désaccord, car soi-même on se sent en faute d'avoir un avis différent.

On part de l'idée qu'aimer, c'est être le même que l'autre. Or, cette position de victime pour exprimer son désaccord s'enracine dans un passé non digéré. L'enfant est toujours réellement victime de l'autorité abusive de ses parents. Avoir été victime de ses parents lorsqu'on a été enfant est de prime abord toujours nié énergiquement, cependant c'est à l'aune de cette négation que l'homme ne sait évacuer sa haine en se posant en victime offensée.

Un homme ayant souffert d'une autorité parentale particulièrement violente se retrouve constamment en provocateur de l'« Autorité », parfois de façon dangereuse pour lui. Derrière cette provocation, il réalise que se cache une terreur d'enfant intense, nouée à une détresse et à un enfermement. À quoi s'appendent dans son enfance sa provocation régulière des professeurs, sa violence ostensible afin qu'un humain véritable devine sa souffrance, se pose des questions et lui parle. Or l'enfant est d'autant plus emprisonné, enfermé en lui-même qu'il subit un interdit tacite de parler, qu'il a honte de ce qu'il vit car il croit que ce qu'il subit vient de lui. Il intègre le négatif qu'on projette sur lui comme vrai, il colle aux étiquettes qu'on lui grave dans la chair sans savoir que cela n'a rien à voir avec lui.

Mais la torsion de l'affaire inhérente à tous les excès d'autorité parentale, c'est que si les parents, lors d'accès de violence, les légitiment en culpabilisant l'enfant, le problème majeur est que l'enfant préfère endosser la culpabilité et croire le parent, quitte à être en détresse, plutôt que se savoir victime. Pourquoi ? Être coupable et nier sa souffrance comme ses parents l'ont niée lui font croire qu'il est aimé. Du coup, il plonge souffrance, haine et impuissance dans l'oubli et l'irréalité. Se croire à l'origine de la violence parentale lui permet de maîtriser l'amour de ses parents. La culpabilité lui permet enfin de banaliser la souffrance pour maintenir le fantasme d'un amour parental obligatoire.

Néanmoins, dans ce mécanisme inconscient, il perd son innocence avec la culpabilité qui lui est imprimée et qu'il porte pour ne pas s'abandonner.

Remonter le fil de ses souffrances permet de ressentir sa haine et de l'analyser. Si ces questions sont primordiales, c'est que s'interdire d'extérioriser et de penser la souffrance et la haine passées interdit en réalité l'amour. Le fond du problème enfoui chez l'homme est la peur de l'abandon. Or cette terreur réminiscence de l'enfance s'avérant omniprésente, elle conduit les hommes à tellement anticiper la perte d'amour qu'à leur insu ils la précipitent. Faire jaillir du passé les sources de sa victimisation autorise la responsabilité. Autrement dit, à dire sans répéter les paroles d'une autorité et à jouir sans culpabilité, sans être sous le regard d'une autorité fantasmée qui juge et qui sait à qui, inconsciemment, on appartient.

NON !
C'EST NON !
NON, JE NE VAIS PAS T'ABANDONNER !
QU'EST-CE QUE TU CROIS ? QU'ON VA ÊTRE DEUX À CULPABILISER ? MOI DE T'ABANDONNER, TOI D'ÊTRE ABANDONNÉ ?
SANS MOI, MERCI !
CATHERINE

PSYCHIATRIE « MADE IN USA »

Sous prétexte d'efficacité, de rentabilité et de performance, la psychiatrie française *made in USA* est en passe d'éradiquer la psychanalyse de son champ.

Or ce n'est ni plus ni moins que le traitement humain des patients qui est en question.

Le psychiatre n'est plus un médecin qui dans sa chair s'est confronté à la mort et à la souffrance, ce n'est plus un homme enraciné en lui-même face à un autre homme, son frère, c'est un technicien chargé de noter la série de symptômes que dépeint le tableau de son patient au-delà de ce que ce dernier lui livre de son histoire, de sa détresse et de son désarroi.

La réalité vibrante de ce qu'il dit se voit déconsidérée et court-circuitée au profit du diagnostic.

Après avoir identifié le syndrome et la personnalité « quelque peu déficiente » de son patient, il pourra jouir d'avoir su reconnaître la grille de lecture qu'il a apprise mécaniquement.

Il valide ainsi sa capacité à être psychiatre sans mettre en cause son instrument de lecture ni sa façon d'aborder l'être vivant qu'il a en face de lui.

Puis il codera son patient, lui délivrera le cachet adéquat pour anesthésier sa souffrance. Si le patient est violent, il sera piqué et ira en chambre d'isolement.

S'il est mélancolique, on lui fera des électrochocs. S'il refuse, le psychiatre sera obligé, selon le protocole auquel il doit se soumettre sous peine de sanction, de faire signer à son patient une décharge afin de se mettre à l'abri d'un éventuel procès.

En d'autres termes, le patient dans la plus grande détresse se voit culpabilisé et lâché dans la nature s'il n'accepte pas le sadisme proposé comme traitement exclusif de son cas.

Je n'exagère pas l'état de la psychiatrie, la gravité de l'affaire est que cette caricature est d'ores et déjà passée au rang de normalité.

Or, finalement, au nom de quoi la psychanalyse s'est-elle vue bannie du champ du mental ? Sous prétexte de non-scientificité, ce qui est énorme.

Outre le fait que ces classifications n'ont jamais la réflexion pour guide, puisqu'elles se contentent de substituer à la pensée un jugement condescendant et méprisant sur le patient, la dimension transformable de l'esprit se voit niée et écrasée sous une prétendue identité perverse et déficiente du patient.

Dans ce champ du mental, l'esprit est mis entre parenthèses, au point où l'homme sans tête qu'est devenu le psychiatre robotisé, érigé au rang de gardien d'une norme impensée, demande à celui qui a perdu la tête de la remettre à une autorité abstraite.

Par quoi, il ne reste à cette psychiatrie, qui s'est volontairement démise du sens — ces classifications se veulent anhistoriques, a-théoriques —, qu'une exécution enfermante et autoritaire au lieu de l'émancipation réflexive, engagée et effervescente qui fonde la psychanalyse.

L'homme de cette psychiatrie est considéré comme une machine sans intériorité, c'est en cela qu'elle propose soit le comportementalisme, soit les cachets, soit les électrochocs, car l'homme n'est vu que de l'extérieur.

On installe ainsi le patient dans la grande chaîne du système technocratique qui étouffe le cri silencieux de l'homme, qui n'a pas d'autre choix que s'arrêter pour savoir qui il est, tant la douleur l'étreint.

Le système déshabité dans lequel nous vivons s'acharne à mettre sous camisole ceux qui crèvent de ne pas pouvoir s'habiter. Or c'est lorsque le médecin, dans sa vraie résonance hippocratique, reconnaît la souffrance de l'être humain qu'il a en face de lui que celui-ci peut s'arrêter et la reconnaître sans culpabiliser, ce qui est le premier pas vers la liberté.

Ce que la pensée humaine, qui vibre sous nos pieds depuis des millénaires, nous apprend, c'est qu'elle se passe de juger pour saisir des fonctionnements universaux.

La vraie pensée connaît le sacré de l'homme, et c'est ce que cette psychiatrie ne cesse de piétiner.

Un Big Cheese oedipe, un transfert de frites et un Coca Lacan, s'il vous plaît.
CATHERINE

NAÎTRE OU NE PAS NAÎTRE

Selon la juriste Anne-Marie Le Pourhiet, le manifeste des 343 fraudeuses à la une de *Libé* appelant à la libération des PMA est indigne et d'autant plus mal venu qu'il coïncidait avec le D-Day. Cette indignation démontre qu'une confusion sans précédent, en germe depuis longtemps, éclôt sous nos yeux : la confusion entre PMA, créatrice de vie, et la destruction en masse qu'a engendrée le nazisme !

Alors que le capitalisme technocratique organise une circulation invisible et expansive de la destruction de la vie sous toutes ses formes en rabattant la magie du sens à son appauvrissement en vue du profit, alors que la révolte devrait être à la hauteur de cette destruction programmée, sans personne à la tête de ce système automatisé pour enrayer sa chute, la seule révolte qui soit sonorisée et autorisée dans le débat public est : devinez quoi ? La lutte contre la vie ! Au nom de quoi ? Au nom du nazisme. Comment se débrouille-t-on pour faire avaler au monde une pilule aussi énorme ?

Le problème fondamental de l'homme n'est pas la peur de la mort, contrairement à tout ce qu'on entend, le problème de l'homme est d'abord la peur de vivre. L'expression de la peur de la vie est la peur du bonheur, la peur de la jouissance, la peur de la liberté. Pourquoi ? Car ces notions sont toutes antinomiques à la maîtrise. Elles relèvent du tri, de la pensée et de l'éthique qui s'est démise du fantasme de l'autorité parce qu'elle est passée par la subjectivité. Venons-en au fait. Dans les PMA, c'est essentiellement la GPA qui fait peur. Outre le fait que son interdiction se fasse sur fond d'homophobie masquée sous le prétendu intérêt de l'enfant, quels sont les arguments qui ont conduit en France à interdire les GPA ?

Cette procréation obéirait à une logique marchande, l'entériner réifierait et violerait la dignité humaine des femmes porteuses. Les mots sont forts, ils amplifient dramatiquement le problème au point de faire croire aux législateurs que libérer cette possibilité reviendrait à faire d'eux des criminels en puissance. Or cet argument tombe de lui-même dès lors que l'on découvre le tour de passe-passe qui le sous-tend. En effet, anticiper le pire pour les femmes porteuses, notamment voiler qu'on les fantasme comme souscrivant toutes à une logique marchande, et vouloir ainsi les protéger d'elles-mêmes, cela revient en sous-main à considérer que toutes les femmes potentiellement femmes porteuses sont vénales et irresponsables. De plus, la réification, c'est quoi ? C'est considérer la personne comme une chose qui ne pense pas et qui n'a pas de droit. Cette thèse s'autodétruit d'elle-même, car c'est précisément obéir et souscrire à une logique réifiante que refuser à des femmes le droit de décider ce qu'elles veulent faire de leur corps et de leur vie.

Quelle est la si grande offense de l'aspiration à la vie qu'offre la PMA ? En quoi se prête-t-elle à quoi que ce soit de fascisant ? N'oublions pas que le nazisme s'est fondé sur une substitution de puissance, l'exaltation de la race aryenne s'est organisée sur la minorisation d'une catégorie humaine au point qu'on leur retire le droit à la vie. Sous prétexte d'être ultra-droits-de-l'hommiste, c'est bel et bien le désir de priver de droit à la vie les femmes célibataires et les homosexuels, au nom de leur infériorité « naturelle » (homosexuels pervers et femmes irresponsables et vénales), qui porte en lui-même le stigmate autoritaire qu'il dénonce chez ces minorités. Cette argumentation se fonde sur un abus de pouvoir. L'abuseur étant néanmoins abusé par une réflexion non poussée à son terme, laquelle débouche toujours sur l'égalité.

j'ai envie de donner la vie !
mais j'ai pas le droit.
Tu pourrais pas essayer de donner la mort, pour changer un peu ?
j'ai pas le droit non plus.
Quel ennui.
GPA
CATHERINE

LE RETOUR DU REFOULÉ FAMILIAL

Curieusement, aujourd'hui, nous assistons à un phénomène absurde, la revendication des familles hétérosexuelles de représenter l'absolu de la famille. Comme si l'hétérosexualité garantissait à elle seule l'amour familial, comme si les familles homosexuelles ou construites sur le sol de la grossesse pour autrui pouvaient en quoi que ce soit entacher la dignité des familles hétérosexuelles. Ce mouvement très à droite est inquiétant, il demande que l'on se penche sur sa gestation.

Le temps de se remettre du voile extrêmement sombre qui s'est abattu sur l'homme avec la Seconde Guerre mondiale, 68 a été un formidable élan de jeunesse, de liberté, de créativité, d'ouverture au sens, à la jouissance, à la femme, qui depuis des millénaires a brutalement conquis la possibilité de sortir de l'ombre pour émerger au grand jour. Puis a suivi lentement mais sûrement une retombée de ce foisonnement, avec son cortège de fermetures, de replis, de retours à l'abus, à la corruption et à la décadence.

En miroir de la lâcheté des États, dont la surdité appelle la violence dès lors qu'ils se contentent de réanimer un système en passe de s'écrouler, à côté de mouvements ultraviolents qui éclatent de toutes parts à force d'une souffrance étouffée, la droite catholique, elle, se drape de l'amour pour sécréter en sous-main la haine. Elle propose l'évacuation de la haine sur les homosexuels et les couples désireux de GPA pour se rassembler et se rehausser en rabaissant cette population au point de les exclure de tous droits. Outre la gravité de ce positionnement, masquée par ce tour de passe-passe, l'important est que rien de ce qui rate dans la famille n'est pensé. Or c'est le seul problème à soulever. Car la famille hétérosexuelle est loin d'être la panacée. À la vérité, la famille n'est pas un sujet très inspirant. Et pour cause. Elle aspire sous toutes ses formes et dans tous les sens du terme. Les enfants sont aspirés par l'idéal d'un amour absolu, qui n'existe qu'en rêve. N'étant jamais à la hauteur de leurs aspirations, lorsque les parents sont dans l'erreur avec leurs enfants, ils se jugent, culpabilisent, puis se déchargent de leur culpabilité sur leurs enfants en les culpabilisant à leur tour. Par quoi les enfants sont chargés avant même de commencer à vivre du poids d'une histoire qui ne leur appartient pas, qui leur masque leur propre histoire, leur souffrance, ce qui cloche avec leurs parents et qu'ils ont appris à intégrer comme la norme en mettant de côté leur souffrance. C'est dans cette veine que la norme deviendra la norme de la souffrance niée, de la reproduction et de l'ignorance. Car, avec leurs parents, les enfants sont en résonance. Et cette résonance fait office de raison. C'est ce qu'on appelle l'emprise, de là dérive l'emprisonnement familial.

Le problème est donc l'héritage transmis sans mot dire et, du coup, source de malédiction que chaque homme porte plus ou moins lourdement en son sein, faute d'être parlé, réfléchi et analysé. Car, à leur insu, les parents se font passer leur passé sur leurs enfants en le passant. L'interaction par laquelle l'inconscient des parents se faufile à travers l'enfant se fait dans la douleur. Mais cette douleur passe chez l'enfant à son corps défendant, son histoire se déroule en quelque sorte en dehors de lui-même. C'est au moment de se séparer d'eux que tout va lui revenir: soit brutalement, soit petit à petit au fur et à mesure du temps. La révolution majeure de la psychanalyse a été de révéler que le codage imprimé dès le plus jeune âge chez l'enfant pouvait se décoder par le langage. Autrement dit, la psychanalyse démontre en acte la devise républicaine, car réaliser sa souffrance, extérioriser sa peine au lieu de faire sa peine de prison, dénouer les schémas de négation aboutit à la responsabilité. En effet, l'homme peut être responsable de lui-même, car il peut se redéterminer. Tout le monde connaît l'impact négatif des mots. Si l'homme a peur de l'autre, c'est qu'il a peur d'être abusé par l'autre, que les mots de l'autre le tuent. Or les mots de l'autre ne tuent que parce qu'on les croit, que parce qu'on les boit. Et on ne boit l'abus que parce que l'on a déjà été abusé sur les points qui font mal. Le présent ne fait que réactualiser les plaies passées, qui se rouvrent avec l'âge, à l'épreuve de la vie. Or ces plaies ont pour siège la famille, qui est le lieu de toutes les attentes, de toutes les passions, de toutes les ignorances, de toutes les douleurs, de tous les abus, de toutes les illusions, de toutes les sensations humaines, qui laissent des traces indélébiles dans le corps et dans l'esprit. En fonction du vécu, ces traces s'expriment par les douleurs du corps, par les trébuchements du langage, par les divers ressentis, par les ratages de la vie. Tous ces signes révèlent les dysfonctionnements familiaux, informent l'homme de façon informe sur une souffrance codée qu'il doit apprendre à réaliser et à relire pour être en vie. Et non simple spectateur de sa vie qui a appris à attendre depuis son âge tendre une main qui le sauverait de sa famille. À attendre l'amour, que l'autre le guérisse de ses plaies, à attendre d'être compris afin d'être remplacé.

À l'âge adulte, cette attente se poursuit. A-tendre, absence de tendresse avec soi-même et rêve de l'amour maintenu comme impossible. Or, pour prendre sa place, il y a lieu de reconquérir son cœur, qui au décours de cette programmation familiale a explosé chez tout homme. Pour relire sa vie, il y a lieu de déchiffrer son passé, de revenir à sa famille, dont on a tout cru. Et par qui on s'est fait manger tout cru. Le chemin de croix que l'on vit n'est pas seulement lié au système broyant dans lequel nous sommes, car ce système n'est que l'écran au système familial qui fonctionne régulièrement à plus ou moins grand bruit de façon sectaire, dans la mesure où elle tourne autour de l'autorité. Et l'autorité, comme le dit si bien la consonance du mot, c'est autoriser à se taire. Je parlais de la dimension négative des mots, de la peur des mots qui pétrit l'homme, à quoi s'append la peur de l'autre, je fais apparaître la dimension positive des mots dans leur jeu. Leur jeu comporte un sens caché qui dessine virtuellement la cause de la souffrance, en agissant l'homme tant que ce sens n'est pas ressaisi. Les mots sont magiques, les entendre délivre de la prison intérieure qui capte l'homme dès son plus jeune âge, emmurant sa tête, son corps et son cœur.

Sauve-moi, mon amour !
Rien ne vaut une grande réunion de famille...
help !
help !
... pour réfléchir tous ensemble à votre plan de sauvetage.
CATHERINE

LES SENS ET LE SENS

Lorsqu'on lit *La Naissance de la clinique,* de Foucault, on voit qu'il prend le temps du détail, qu'il plonge avec délices dans le monde d'une histoire qu'il redécouvre. En déterrant les sédiments du passé, il éclaire le présent comme la résultante inaperçue d'un long chemin souterrain de sens. Il reconfigure le contexte actuel d'après le passé, il soulève la magie du sens qui se cache derrière le non-sens apparent d'un acte, ici l'acte médical, pris pour une normalité mécanisée pour ceux qui l'agissent.

Le faire est une façon de voir le monde amputé de sa profondeur historique tant que les présupposés qui le régissent ne sont pas dévoilés. La pensée remonte le cours du temps, dénoue l'absence de sens d'un acte et fait émerger, en même temps que son sens, ce qui lui manque pour être complétée. Ce en quoi elle seule peut idéaliser, transformer positivement une pratique en analysant les racines de ses ratés. On voit la pensée de Foucault prendre du plaisir à défricher le sens subliminal dont nous sommes imprégnés et qui nous détermine aveuglément. Elle met en relief comment la médecine s'est réduite à devenir une technique déshabitée où le médecin comme le malade sont contraints à devenir des objets protocolisés.

La pensée sublime, elle introduit la vie avec la lumière. Elle modifie de l'intérieur le point de vue que l'on a sur les choses, que l'on avait avalé sans y penser. Elle fait jaillir des profondeurs, avec le sens, un plaisir et une joie communicables.

Ce qui guide dans le retournement vers le sens est le bonheur.

En quoi un nouveau sens engendre-t-il du plaisir ?

Lorsqu'on lit, on ne se rend plus compte, parce qu'on lit vite, que le sens qui nous apparaît immédiatement est véhiculé par des mots écrits, phrasés, articulés de façon à générer un sens. Ces mots, nous les suivons du regard, ils sont automatiquement décodés.

Or, non seulement chaque mot est porteur d'un sens transgressant la grammaire avec lequel joue le trait d'esprit influençant le sens à un niveau très profond, mais encore chaque mot, au cours du long développement qu'est l'apprentissage du langage pour chaque homme, a surplombé la matière, la forme, l'idée à laquelle il se référait.

Les notions qui se sont ramifiées et étendues autour des mots ont été refoulées à l'intérieur de nous. Nous avons absorbé le monde, nous l'avons senti, humé, goûté, vu, entendu, touché, et nous l'avons nommé, découpé et rassemblé sous les mots.

C'est par les sens que nous avons incorporé le monde, et c'est par les mots que le monde s'est absorbé en nous. Au point que ce médium invisible et universel qu'est le langage devient une puissance occulte qui nous fait oublier l'essentiel, à savoir que c'est par les sens qu'au départ nous avons capté amoureusement le monde, le vivant, l'Univers. Les mots sont des cordes intimes que le poète fait vibrer en leur rendant leur dimension métaphorique, réellement porteuse des sens de la référence figurée. Le vrai poète fait résonner la symphonie des correspondances qui existent entre nous et le monde. L'avènement d'un nouveau sens poétique ou philosophique est l'abstraction de tous les sens dont la jouissance, le plaisir, est la délivrance physique. « Le verbe s'est fait chair » est une phrase à réfléchir, c'est la question qui taraudait Freud, d'elle dépendait la possibilité de guérir.

Les mots dits libèrent, si on sait qu'ils enferment la sève à faire jaillir.

"o"
Non ! Tu lis trop vite. Recommence.
"oe"
Bien. "oe", comme ?
comme "oedipe"
C'est bien, mon chéri.
CATHERINE

LE RÊVE

La découverte monumentale de Freud a été le déchiffrage de la langue des rêves. En effet, il s'apercevait que derrière cet imaginaire figuré qui diffuse ses lumières dans la détente totale que produit le sommeil, derrière ce film hypnotique qu'un bout de conscience endormi suit et joue sur une scène créée de toutes pièces, derrière l'émergence hallucinatoire de notre monde intérieur, se cachaient plusieurs strates de sens issues des profondeurs de notre âme. Le rêve, que la rationalité technocratique reléguait au rang d'une absurdité dénuée de sens, s'est vu brutalement relevé au rang primordial que lui conférait l'Antiquité. Il découvrait, au-delà de la dimension prémonitoire que les anciens lui prêtaient, non pas les augures métaphysiques qui sont néanmoins en germe dans le rêve, mais une lecture hypnotique d'une réalité affectant l'âme pour lui trouver, dans une correspondance saisissante, une issue pacifiée.

L'important est que le rêve noue plusieurs sortes de pensées. Les pensées de surface que l'on suit aisément dans le scénario sonore du rêve, parfois absurde et drôle, et la pensée viscérale, le cœur inconscient du rêve que Freud extrayait des profondeurs de l'âme. Ce cœur du rêve repose sur un écrit muet, qu'il faut décrypter comme un hiéroglyphe pour que le rêveur découvre la part réelle de lui-même qui lui était fermée.

Il faut raconter le rêve à haute et intelligible voix pour entendre, derrière les figures qui se jouent sur la scène du rêve, le sens d'un désir profond, d'une douleur soudainement connectée à sa cause, d'un effet qui se voit brutalement lié à un fait passé.

Ce sens ombilical du rêve s'avère codé comme un rébus que l'on peut déchiffrer. En effet, le rêve mêle à la fois des symboles universaux, entre autres sexuels, et des désirs censurés qui se chiffrent dans le sens interdit des mots. L'invisible de ce sens nous emporte dans un sens univoque qui fabrique l'histoire superficielle du rêve. Or ce sens est profondément équivoque.

Ainsi, ce qu'il y a de fondamental dans la découverte freudienne, c'est la dimension inédite qu'il donnait au corps de l'écrit. C'est le corps de l'écrit qui nous téléguide et nous hypnotise à travers les fils du rêve. C'est lui qui nous fait sentir vibrer, nous projeter, sur la scène du film qui se déroule sous nos yeux. Nous pouvons découvrir son pouvoir lors du lâcher-prise absolu qu'est le sommeil dit très justement paradoxal. Car c'est la nuit que les lettres dites mortes parce que muettes prennent vie. Le sens qui se crée dans le secret de nos nuits se produit à partir de l'écrit coupeur d'une partie du son et d'une partie du sens des mots. Et c'est en cela que l'écrit ravit le corps, car il nous prive de conscience en nous privant d'une partie de nos sens et notamment de l'ouïe.

Nous sommes divisés jusqu'à l'os, jusqu'à ce que le dit, rebondissant sur notre ressenti viscéral, le ressenti de la douleur, de notre mauvaise conscience, de notre culpabilité, mais également de nos richesses et de nos odyssées, viscéralement enracinées dans le passé, s'autoréfléchisse en produisant une vision plus réelle qui s'accepte dans toutes nos dimensions humaines. Le miracle de nos yeux aveugles, dit Godard : c'est cela dont il est question dans le rêve.

Le fil du je se prend à contresens de ce qui se voit pour se recueillir. Il est par essence sourd et malentendu. Mais c'est en brisant par le son le carcan de l'écrit que souffle, avec la vie, l'esprit.

Cette nuit, j'ai rêvé que je vous racontais mon rêve...
... et que vous l'interprétiez n'importe comment, au moyen de calembours et de rapprochements douteux...
Vous avez encore inversé vos rendez-vous, madame Monique.
COIFFURE EVOLU'TIF
CATHERINE

RÉFLEXIONS SUR L'ŒDIPE

Lorsque Jean-Pierre Vernant et Pierre Vidal-Naquet se sont intéressés à l'Œdipe freudien, ils ont relevé la discordance énorme entre la tragédie sophocléenne et la version freudienne du complexe d'Œdipe.

Dans la tragédie sophocléenne, Œdipe réalise la prophétie oraculaire, il tue son père et couche avec sa mère en commettant à son insu les crimes qu'eux-mêmes avaient perpétrés à son encontre. Freud, paradoxalement, fait basculer toute la responsabilité du désir d'inceste et de meurtre du côté d'Œdipe, c'est-à-dire sur l'analysant.

Cette obscurité jetée sur le fil transgénérationnel de la transmission de l'inceste et du meurtre est d'autant plus contradictoire que la psychanalyse a éclos précisément sur la découverte de ce fil traumatique.

Lorsque Freud faisait ses premiers pas en neuropsychiatrie, ce qui était au cœur du débat dans une société dominée juridiquement par les hommes, c'était l'hystérie, et plus précisément l'hystérique femme. Un débat très virulent opposait les neuropsychiatres : il y avait ceux qui revendiquaient l'origine psychique de l'hystérie en accusant les femmes de manipulation, de simulation, de théâtralisme, et les autres, qui décrétaient que cette maladie mentale était d'étiologie organique. Ce qui signifiait fatalité, déficience, à discréditer radicalement. Ce débat opposait ainsi deux conceptions. Or ces deux conceptions dévoilaient en sous-main une seule conception de l'homme, une seule vision du mâle qui s'écartelait en faux débat à travers la femme : un esprit pervers et tout-puissant dans un corps inexistant, réduit à s'accrocher à la vue pour ne pas sentir.

En assistant à ces débats, Freud s'apercevait que, derrière ces convulsions silencieuses du corps de la femme, derrière ces crises hypnotiques qui scénarisaient le corps sexuellement, il y avait une souffrance muette dans laquelle la femme et les neuropsychiatres eux-mêmes étaient enfermés. Cette souffrance non dite, c'est la souffrance qui coupe l'homme du monde, qui sépare sa tête de son corps en l'emprisonnant. C'était la souffrance de l'inceste impossible à digérer, impossible à réaliser si elle n'était pas vue par un humain capable de la deviner et de la faire parler. C'était elle qui divisait les médecins comme « l'hystérique ». C'était cela le secret humain imprononçable : nous sommes porteurs d'une part de haine, issue des humains qui nous ont engendrés.

C'est en allant au-delà de ce qui était donné à voir que Freud réintroduisait l'amour au cœur de ce débat. Non seulement par sa passion du déchiffrage de la souffrance humaine, par la fraternité qu'il avait pour l'homme en face de lui, mais encore parce que c'était d'amour qu'il s'agissait. Il s'agissait de blessures infantiles imprimées dans la chair que le présent réactualisait. La parole et le retour au ressenti étaient le chemin qu'il fallait parcourir pour que l'humain retrouve, avec son cœur et son corps, toute sa tête.

Aussi, une question s'impose : pourquoi, alors que Freud découvre ce phénomène énorme au point qu'il en fasse le complexe nucléaire de la maladie humaine, met-il la responsabilité pleine et entière du désir d'inceste et de meurtre sur l'analysant ? Nous développerons cette question la prochaine fois. Néanmoins, cette question engage la responsabilité de tout homme face à lui-même. Elle bouscule comme il se doit une société de victimes qui galvanise la violence et qui, au fond, a tellement dévalorisé l'amour qu'elle interdit d'aimer. Or il n'y a pas d'amour sans connaissance de ses blessures. Pourquoi ? Car l'amour, c'est soi.

maman
Si ce gosse reste trop dans les jupes de sa mère, il va devenir pédé !
Déjà qu'il veut devenir poète...
OUCH!
Eh bien voilà, mon petit Sophocle, tu l'as, ta tragédie !
CATHERINE

RÉFLEXIONS SUR L'ŒDIPE (SUITE)

Il me faut revenir sur ce complexe que Freud mettait au jour. Non le pâle complexe où la psychanalyse le relègue parfois, mais le noyau nucléaire du désir d'inceste et de meurtre de la souffrance et de la tragédie humaines, que chaque homme porte enfoui en son sein.

Là où le lien filial aurait dû être exclusivement fait d'amour, il y a au fond de soi un désir d'inceste et de meurtre qui, à l'origine, est induit par nos propres ascendants. Le voile, la torsion que Freud imprime à son complexe, en dissonance avec la clarté de la tragédie sophocléenne, sont essentiellement en résonance avec une époque puritaine peu prête à réaliser la réalité des liens filiaux.

Néanmoins il y a une autre raison au voile que Freud appose sur cette face obscure, ascendante et transgénérationnelle de l'Œdipe. À l'époque où il découvre le complexe d'Œdipe, le complexe nucléaire d'une haine inouïe et refoulée dont l'état de notre planète est l'écho et le reflet, il découvrait une dimension incroyable, susceptible de guérir l'ensemble des maladies mentales : la dimension du fantasme.

Elle est ce qui nous permet de nous libérer de notre vécu, de ressaisir en conscience le jeu familial qu'enfant nous avons subi, de découvrir notre activité fantasmatique derrière notre passivité. Après coup.

L'inconscient en effet est la trame des relations marquantes à notre famille qui s'inscrit tout au long de notre développement. L'amour est l'invisible qui nous porte et nous aide à croire en nous, mais les relations qui marquent sont celles des coups. Ces coups forment des empreintes auxquels nous faisons un crédit de puissance, puisqu'ils nous ont impactés. Ils nous ont fait mal, nous les enfants qui étions les éveillés. Jusqu'à ce qu'un couvercle de semblant éteigne nos lumières, quand ? Quand nous recréons une famille coextensive du retour du refoulé.

Ces empreintes, nous les emprunterons et nous redonnerons les coups à notre tour si nous ne les avons pas démontées. Ces traces de pas qui constituent nos sentiers battus, les marques de notre passé non digéré empruntent, pour se frayer une voie, le sens interdit sonore des mots. Ce sens, en lui-même, comporte une possibilité de réajustement. Ceci est la découverte fondamentale de Freud.

Un homme parle à sa femme dans sa voiture, elle ne lui répond pas. Il tend l'oreille, il insiste, elle ne répond toujours pas. Alors qu'il la somme de répondre, elle se mure dans le silence. Là, il se retient d'une envie folle de la tuer. Il arrive en séance, très énervé et très coupable, il évacue sa haine, il débat à voix haute autour de ce problème lorsqu'il s'écrie : « Putain, quelle lâcheté, cette femme ! » Là, je lui fais résonner ce mot et il entend soudainement ce qui l'a rendu fou au sein du mot même. Là je tais, là je t'ai, là je suis jeté. Autrement dit, quand l'autre se tait, je me fais avoir en prenant son silence pour ma faute, et là je me sens jeté. Du coup je suis fou, j'ai envie de me jeter sur elle et de la tuer. L'ensemble est circonscrit par le mot lâcheté qui dessine la scène où jouent des personnages, dont le sens caché articule le jeu du sujet et de l'autre. Où est le fantasme ? Le fantasme est dans l'illusion de toute-puissance inférée à sa femme auto-ri-taire lorsqu'elle se tait. Il a envie de détruire en elle son fantasme de l'autorité qu'il désire représenter pour ne pas voir la faiblesse derrière cette apparence d'autorité, à savoir la lâcheté résultante d'ailleurs de la peur que lui-même fait régner. Aussi, ce qui se dégage de ce mécanisme démoniaque dont cet homme est la proie jouissive, à savoir ce nœud autorité-violence-lâcheté-culpabilité refoulant la souffrance, est une reproduction de son rapport à son père que pas à pas il déconstruira en réalisant l'abus dont lui-même était l'objet.

Le Retour du refoulé

LA FOLIE PSYCHIATRIQUE

Lorsque j'ai fait mes premiers pas en psychiatrie, que je pénétrais pour la première fois à Esquirol (ex-Charenton), la première chose qui m'a frappée était l'intensité du lieu. Les murs asilaires étaient lourds de l'histoire de l'abus de pouvoir de la psychiatrie, mais l'espace, lui, était riche de l'âme humaine qui éclate en toute inconscience à ciel ouvert dans la folie. Un jour, on me présente un homme soi-disant incurable. Il était là depuis quarante ans, date à laquelle il avait déclaré une « schizophrénie » lors de l'indépendance de l'Algérie. À présent, il était réduit à l'état de bête humaine. On le colmatait à coups d'injections de neuroleptiques, d'électrochocs et de chambre d'isolement lorsqu'il éclatait en salves de violence. On s'était habitué à rire de sa détresse et à sadiser sa violence. C'était un enfant, disait-on, car « on l'aimait bien ».

Or, mon premier entretien avec lui a bousculé en moi tous les fondements de la psychiatrie car, brutalement, j'ai compris que la psychiatrie était une technique vide de sens, juste bonne à abuser des patients pour ne rien savoir de ce que la folie renvoie de l'homme.

Alors que je lui posais une question d'entrée en matière afin de faire connaissance avec lui, ce patient se met d'abord à sourire, puis brutalement il se lève en hurlant « les colons me jettent des pierres » de façon répétitive, tout en essayant de me frapper en fuyant. Comment comprendre cette soudaine réaction ? L'écart énorme entre ma parole fraternelle qui l'a touché une fraction de seconde et l'excentricité de sa réponse à la fois furieuse, fuyante et violente. Je me suis dit que ce qui lui jetait des pierres, c'était mes mots. Les pierres étaient pour lui l'équivalent des mots qui frappent lorsqu'ils lui étaient adressés. Mais ce qu'il fuyait par la violence, c'était la fraternité. Il était tellement écorché vif, si peu habitué à parler, à être traité comme un humain, qu'anticipant immédiatement la violence de l'autre en face de lui, il la précipitait en l'agissant. C'est comme cela que les mots étaient devenus exclusivement des jets de pierres.

Enfin, la chaleur humaine le replaçait immédiatement dans le passé, où il était enfermé depuis tant d'années, nommément dans le monde où il était devenu fou. La grande histoire, l'indépendance de l'Algérie avait inscrit la peur des colons dans sa chair et dans son sang eu égard à la violence qu'il avait subie. La grande histoire s'était ainsi substituée à son histoire. C'est dans ce pan d'histoire que la chaleur humaine le repoussait par opposition, car c'était dans ce pan d'histoire ultra traumatisante qu'il était enfermé depuis quarante ans. Or, sur cet enfermement traumatique non écouté, non parlé, non réfléchi, la psychiatrie scellait à double tour la dalle où il était emmuré vivant. Néanmoins, ce qu'il y a de saisissant, c'est qu'à force d'avoir été obligé de taire tout sentiment, l'usage de sa parole était atrophié, sa parole elle-même avait la forme de lance-pierres, mais la violence de sa parole était aussi une façon de lancer de la vie du fond de son tombeau, et c'est par là qu'il essayait de me permettre de faire sa connaissance. J'ai pu ainsi éveiller son attention en rattrapant une balle qu'il me lançait du tréfonds de sa détresse. Un jour où il me disait « la violence des colons lorsqu'ils me jetaient des pierres, c'était terrible », après lui avoir laissé le temps de réaliser sa peine d'enfant, je lui dis : « La vie au lance-pierres décollons !!! » Là, il a pu éprouver le double fond de la parole, ressaisir les liens cachés qui le désunissaient de lui au point que lui qui ne connaissait des mots que la pierre meurtrière redécouvrirait pas à pas le pouvoir transcendantal sacré et pacificateur de la parole, par un cœur qu'au départ il n'avait plus pour lui.

Les colons me jetaient des pierres !
La pierre des colons... la pie-air, décollons !
La vie au lance-pierres décollons !
Le colon des colons était de pierre !
RAYMOND DEVOS !
Il va mieux.
CATHERINE

RETOUR DE VACANCES

En revenant de vacances, une patiente très fine me fait part de ses pensées précédant sa rentrée analytique : « J'ai pensé à arrêter mes séances, mais aussitôt j'ai eu un goût amer. » Je relève ce mot, « amer », elle entend aussitôt a privatif-mère. Autrement dit, arrêter ses séances la confronterait à une absence de mère encore non réglée par rapport à son passé.

Elle est rompue à l'écoute et à sa dimension transcendentale, du coup elle entend vite et s'entend beaucoup mieux avec elle-même. Mais, ce qui est saisissant dans ce mini-exemple, c'est qu'à travers une saveur subtile, l'amertume comme réponse du corps à une pensée hypothétique, « si j'arrête mes séances... », il y a un savoir. Ce savoir est condensé et refoulé dans le sens différencié de l'amer. Ce savoir s'annonce par les sens, par le corps. Il peut se libérer et se rendre au sujet lorsque le sens qui transparaît négativement par le corps, ici la saveur de l'amer, est nommé et entendu dans ses différents sens. Ce micro cas dévoile comment le savoir est lui-même l'abstraction de la saveur.

Mais pas seulement car l'ensemble du sens, à savoir la saveur amère, la référence souterraine à la peur d'être confronté à l'absence de mère encore douloureuse, est logé dans l'interdit grammatical du mot amer. Le fait que cette sensation soit nommée, relevée dans sa tridimensionnalité en étant fracturée par l'ouïe, ouvre à une réflexion et engendre une lumière de sens qui en rapprochant l'individu de lui-même lui réapprend à s'aimer.

Pour revenir à ma patiente, elle poursuit : « Ce qui ne changera jamais… ma famille, mes parents, c'est un système immuable, de toute éternité. En effet j'étais à l'hôpital et à nouveau le même scénario s'est produit. Ma mère m'envoie un scud, elle se tourne vers mon père, voyant que j'étais silencieuse et triste, elle le prend à témoin et lui dit "regarde-la, non mais, regarde-la, tu as vu comment elle est !", elle dit cela comme si j'étais une étrangère. » Son père réagit différemment en fonction des moments. Parfois il prend le parti de sa fille lorsqu'il est en contentieux avec sa femme, mais le plus souvent il renchérit sur l'attaque de sa mère en s'alliant avec elle sur le dos de sa fille. Cela il y a longtemps qu'elle l'a compris. Aujourd'hui c'est sa mère qui lui pose encore et toujours problème.

Tout d'abord, lorsque ma patiente dit « ma mère m'envoie un scud », elle sait que dans ce système familial le sens n'a aucune importance. Ce n'est qu'un jeu d'alliances sur fond d'exclusion. Ensuite sa mère n'est jamais elle-même, elle est toujours masquée. Elle ne sait entrer en relation avec elle que par la négation. Elle ne sait pas aimer. Cette fois, face à l'attaque maternelle d'entrée en matière, elle n'est plus la serpillière de naguère. Néanmoins, un reste demeure. Le reste d'une carence maternelle qui persiste dans le goût amer de sa bouche, dans le sentiment d'être une victime et celui de grande injustice qui parfois l'étreint ; sentiment où la souffrance se transmue en faute oscillant sur elle et sur l'autre comme un métronome.

Et là, soudainement, elle me dit : « C'est comme s'il me manquait une pierre pour être libre. » La pierre représentait d'abord le socle où l'on bâtit son église, à savoir le sacré, et la capacité de créer qu'ils ont été allègrement piétinés. Puis, dans le mot pierre, elle entend repillée. Elle est surprise par le sens qui se dévoile à elle mais elle peut se rendre compte encore une fois qu'elle a adhéré à la négation maternelle et c'est en cela qu'elle a été revolée. Elle est redevenue le serf à qui on pille l'air, moins qu'avant, mais néanmoins le refoulé a fonctionné à bas bruit. Une fois de plus, elle a été déçue par sa mère. Elle croyait que sa mère changerait mais elle a préféré chuter pour maintenir en sa mère le fantasme de l'aristo là où ça rit en haut en se faisant serf au lieu de voir que derrière l'aristo il y a un serf qui pille l'air pour pouvoir être en haut. Elle n'est donc, dans cette scène, que la face cachée du jeu de sa mère en qui elle convoite une aristocratie idéalisée.

j'ai décidé d'arrêter mes séances.
j'ai enfin compris mon problème avec ma mère, son emprise sur moi, son omnipotence... Vous m'avez été d'une aide extraordinaire, toutes ces années, merci. Je me sens mieux.
Ça fera 70 euros.
Tu aurais de la monnaie, maman ?
CATHERINE

LA DÉPENDANCE

Chaque jour, nous assistons hébétés aux déflagrations du système capitaliste ; chaque jour, la mort plane sur nous en désenchantant le monde. Néanmoins, quel que soit l'impact de ce système sur notre être, une vie grouille en nous et ne demande qu'à naître.

La logique de domination qui organise les rapports de l'homme à l'autre et à la nature est tributaire de son rapport à lui-même. Se méconnaissant et du coup ayant peur de lui, il passe son temps à chasser toute émanation de son être, à la rationaliser au lieu de la ressaisir en conscience. Il se contrôle, il se domine, ce en quoi il reste esclave de lui-même. Ceci le pousse à dépendre de l'autre en qui et avec qui il va s'accrocher faute de savoir qui il est. Il essaiera de le dominer pour s'en libérer afin de se substituer au pouvoir qu'inconsciemment il lui prêtait. Ce fonctionnement ne peut qu'échouer puisque, qu'il domine ou qu'il se soumette, il continuera à être en rade de la question essentielle dans sa vie, à savoir son être.

Un homme s'aperçoit qu'il a construit sa vie autour d'un axiome, ne pas dépendre. Il a fait sa boîte, il a dirigé des gens. Son premier argent, il l'a mis de côté pour ne pas dépendre, il n'en a pas joui. Néanmoins, il s'aperçoit après avoir écouté une émission de radio diffusant les aphorismes de Nietzsche que, si son effort a consisté à ne pas dépendre, cela s'est arrêté à la dépendance matérielle. Ce qu'il a retenu de ces aphorismes, c'est que rien n'était figé. C'est cela qui a résonné en lui. Comment défiger les choses ? Il me dit qu'il a compris que, pour se transformer et s'élever, il fallait aller contre soi et là, il m'interpelle : comment aller contre soi ? Je lui réponds qu'il ne s'agit pas d'aller contre soi mais de remonter à contresens le cours d'une histoire qui s'est déroulée en dehors de soi pour saisir le ressort de faits manquants dont on est l'effet. Pour lui, la dépendance.

« C'est intéressant ce que vous me dites, je ne me suis pas intéressé au nœud qui me serrait la gorge. Il fallait que je me dé-pende. C'est comme si j'étais pendu sans arriver à défaire le nœud qui m'étranglait. » Là, je relève le mot pan-du en lui renvoyant sa balle instruite du sens de son histoire. Afin qu'une porte secrète de son labyrinthe s'ouvre. C'était le sentiment de dette à leur égard qui le faisait dépendre de ses parents au point d'être anglé, d'être dans l'angle sans pouvoir faire face, sans pouvoir se révolter. Il sursaute et reprend un souvenir d'enfance.

Il entend une conversation où son père parle avec son grand-père de divorce d'avec sa mère. Cette conversation l'exclut ostensiblement. De cette exclusion va résulter la culpabilité très lourde de la désunion de ce couple. Il s'est senti coupable du fait que ses parents restent ensemble. « J'étais entre la grande malade, ma mère, et le garde-malade fidèle, mon père. J'étais convoqué entre eux et là j'avais un rôle… Mais ce rôle, c'était le sacrifice. C'est comme si je rachetais ma dette en étant le fils sacré. Toute ma vie j'ai couru après ce statut de fils sacré en essayant d'être parfait. Ceci dit, j'en ai payé très cher le prix et je l'ai aussi fait payer. » Il s'est ainsi suspendu à leur moindre désir comme s'il leur devait tout.

Ce qui est captivant dans ce fragment de cas, cet écrit préprogrammé qui dessine une destinée tant qu'elle n'est pas relue et physiquement éprouvée, c'est qu'elle condense le fonctionnement du système capitaliste. Une course sans fin à la non-dépendance et à la non-jouissance, pour la fiction de la liberté et de la jouissance absolues qui viendraient de l'Autre : de la matérialité accumulée et du désir suscité par l'avoir. Ce fonctionnement est le reflet de l'homme non analysé. Ce n'est pas pour rien si ce système, l'homme lui-même l'a engendré…

Mon compagnon ne veut pas d'enfants...
Larguez-le !
Je suis trop fusionnelle avec ma mère...
Larguez-la !
Ça y est, je crois que je me sens plus libre...
Larguez-moi !
CATHERINE

L'ADDICTION CAPITALISTE

La pénalisation du cannabis part du présupposé qu'il vaut mieux interdire qu'être solidaire avec les hommes souffrant de dépendance. D'un point de vue général et en particulier dans l'addiction, dans tout symptôme autodestructeur, la volonté ne suffit pas. Plus on essaie de se contrôler, de se dire, non, je ne dois pas faire cela, plus par à-coups on tend à franchir l'interdit que nous-même nous nous sommes imposé. Ce qui nous plonge dans un cercle vicieux, déception, jugement, culpabilité et transgression. Telle est la descente aux enfers dans laquelle est pris l'homme addictif. Mais l'homme addictif, c'est quoi ? C'est l'homme qui comme son nom l'indique ne dit pas sa souffrance, et parfois ne la sait pas. À la place vient le choix de la culpabilité pour croire maîtriser quelque chose de sa vie. À la place vient la croyance que le joint est un plaisir, là où c'est d'abord et avant tout un antidépresseur. Le joint est un joint entre le passé et le présent. C'est un pont étourdissant planant sur les raisons de la dépression sous-jacente qui ne peut s'appréhender que par la parole, par les tours d'un dit qui sent. Ne trouver donc comme solution juridique que l'autorité et l'interdit à la souffrance et la dépendance revient à renflouer les mécanismes de défense du sujet en allant dans le sens de son symptôme, dans la mesure où la seule réponse de l'homme à son envie de se droguer est le jugement, la déception de lui-même, la tristesse et la mauvaise conscience. Faisceau de sensations qui en retour le pousse à transgresser et à se mettre en défaut avec ses propres règles, car inconsciemment le sujet est sous dépendance d'une autorité qu'il a déjà internalisée et qu'il reproduira dans son rapport à la société. Le choix du contrôle et non de la responsabilité révèle un modèle de société où les hommes ne sont pas soutenus en bas de façon solidaire par le cœur, mais descendus du haut vers le bas par « l'Autorité » lorsqu'ils s'autodétruisent. Aussi, l'important à relever dans cet investissement symbolique de l'interdit et de la pénalisation est la négation de la dimension transformable de l'esprit humain. Autrement dit, ce qui constitue la vie même. Car la souffrance qui est coextensive de toute addiction est écrasée par la culpabilisation.

À la place du « Connais-toi toi-même » delphique ne sont envisagés que la maîtrise et le contrôle de soi. Le problème fondamental de cette loi est donc que par son interdit même elle alimente et renforce l'addiction. Pourquoi ? La maîtrise et le contrôle sont les moteurs mêmes de l'addiction. Aussi, la société n'est là qu'en miroir de ce schéma de souffrance niée. Elle agit comme le drogué. Elle dit non ! Et en disant non, elle s'approprie le sujet puis elle lui tape sur les doigts en le descendant. En sanctionnant, elle laisse les gens à l'état de minorité puisque son rapport à l'autre n'est que négatif. La responsabilité, la vie de l'esprit et du cœur n'y sont pas même supposées. Là où leur prise en compte rehausse l'Homme, la sanction l'infantilise. Mais il y a beaucoup plus. Ce principe éminemment symbolique guide également l'investissement économique de la société vers l'interdit. À cet égard, l'économie est étroitement tributaire des investissements symboliques de l'homme. Bernard Maris a très justement démontré qu'il n'y a aucune autonomie de l'économie. Si le capitalisme mène à la ruine économique, ce n'est pas pour rien ; suspendant le présent en fuite du passé vers un futur illusoire : l'avoir, il substitue à la richesse extrêmement différenciée du symbolique l'hors sens de l'étalon-or. Autrement dit, lorsque je dis que le capitalisme conduit à la ruine de l'homme, ceci est à prendre très au sérieux, il mène à la nécessité et à l'urgence de revisiter ses fondations. Les investissements économiques du système capitaliste démontrent l'absence d'investissements symboliques qui fondent la spiritualité humaine. Qu'il mène à la ruine n'est pas anodin. L'interdit est comme l'argent, c'est une absence de sens qui fait miroiter tous les sens. En cela, ils ne sont susceptibles de n'engendrer que de la dépendance. Or, en dernière analyse, la seule jouissance implicitement autorisée dans un système où dominent l'interdit et le contrôle est celle de la transgression. Une jouissance organisée contre l'autre et en réalité contre soi, mais non une jouissance pour soi. La dépénalisation du cannabis serait un petit pas vers la sortie du capitalisme, dont le propre est d'être fondé sur l'addiction, la terreur et la dépendance dont procède la course à vide, sans fin et sans fond, puisque ce système n'a de cesse d'aplanir la richesse interne de l'homme ignorée en la fonctionnalisant pour après.

Pénalisation ? comment ça, pénalisation ?
Vous êtes tout à fait libre de fumer le joint !
JOINT AU LEXOMIL
JOINT AU XANAX
JOINT AU TEMESTA
CATHERINE

PRISONNIER DE SOI

L'homme a oublié la féerie de la nature au point de l'« autodétruire » en s'autodétruisant. D'où vient cette relation étrange à la nature dont il est issu, fait partie, et dont il a besoin pour vivre ?

Tout d'abord du phénomène urbain concentrationnaire, inducteur de peur et de repli sur soi : l'homme est coupé de la nature au point qu'il ne sait plus qu'elle existe. À quoi s'append la tentation de la dominer. N'en n'ayant plus l'usufruit, il n'en reste que les risques niés et le dépotoir.

La seconde raison de ce mépris et de ce désir de domination est plus profonde.

Dès que l'homme parle, il évite de jouir de ses sens, de l'autre et du monde tant il est prisonnier, de peur d'une autorité intériorisée en lui. Or la prison qui l'exclut de lui-même au point qu'il se fuit et se déshabite est le langage et non l'autorité incarnée.

Comment cet enfermement se produit-il ? Le développement essentiel qui accompagne de façon souterraine le développement sexuel, amoureux, spirituel de l'homme s'articule autour du langage parlé, lu, écrit et entendu. Le langage homogénéise tous les éléments hétérogènes de la réalité. C'est le médium universel par lequel l'homme entre en relation avec le monde, l'autre et lui-même, à l'aide des sens par lesquels il absorbe la réalité externe et par lesquels il sonde la réalité interne. Jusqu'à la fin de sa vie, une évolution langagière suit son élargissement de conscience. Les mots lui apportent de nouveaux sens agrandissant son horizon. Il peut également découvrir de nouveaux sens sur la réalité que les mots vont épouser.

Lorsque le bébé nomme les choses, c'est un jeu mais un énorme effort car la référence visible, tactile, matérielle de l'objet à nommer est très présente. L'enfant est identifié à elle, il l'a captée avec une extrême attention par tous ses sens. Lorsqu'il nomme les choses, au départ il ne se compte pas, il est encore le monde qu'il appréhende hypnotiquement et fondamentalement. Au fur et à mesure qu'il se hisse sur le sol langagier, un jeu va se développer. Un écart entre lui et le monde surgit. Il se conjuguera et conjuguera l'autre. Il intègrera au moins le temps, l'espace, les lieux, les formes, les positions à partir du corps qui est son axe de référence aveugle. Or un phénomène essentiel fait qu'à l'âge adulte l'homme tend à oublier la magie du monde et son chant. Quand il s'est inclus dans le langage, il a refoulé en lui une grande partie de lui, de l'autre et du monde au point de se priver de sens. Ces différentes références se sont nouées et tressées en lui au point qu'il connaît la détresse et la dépendance à l'autre qu'il hait.

Néanmoins s'il s'est forcément perdu au cours de ce refoulement, se forme à l'intérieur de lui un savoir qu'il peut retrouver par analogie, métaphore. C'est ainsi qu'il peut s'appréhender de l'extérieur, lui le grand étranger à lui-même. Sa boussole dans l'errance où conduit nécessairement cette ignorance est l'impact négatif ou positif des fragments de réalité qui rebondit sur ce savoir déjà là : l'inconscient. Ce savoir se manifeste de façon répétitive à travers ce qui nous échappe, à travers tout ce qui surgit par-devers nous. Les clés du moteur de cet échappement dont nous avons peur sont recelées dans les mots.

En effet, des mots nous connaissons le pouvoir meurtrier et de fait, les mots tuent. Cette terreur induit l'enfermement progressif de l'homme en lui-même qui le prive de ses sens, de jouissance qui l'induit à se dénigrer et à dénigrer le monde extérieur. Néanmoins, ces mots tueurs, et c'est la révolution inouïe de la psychanalyse, recèlent en eux-mêmes, dans leur sens interdit, les clés du double fonds sonore de notre aveuglement et de nos souffrances. En eux se trouvent les clés de notre liberté et la possibilité de jouir de la magie de la vie et du monde.

Pfff. on s'ennuie. on n'a rien à se dire.
c'est parce qu'on n'est pas des humains.
Vous êtes un lapin, je suis un cerf. Sans conscience, sans pulsion, sans névrose. Des animaux.
Cerf. Lapin. La-Pin.
Ça veut rien dire.
La-Pine, à la rigueur.
Cerf-La-Pine. Serre-moi la pine.
Pfff. on s'ennuie. on n'a rien à se dire.
CATHERINE

CE QUI PARLE PAR LE SANG

Un homme dont la mère était ultra autoritaire préférait parler de son autoritarisme qui le fascinait plutôt que réaliser ses souffrances. Même si la folie parentale dont il avait été l'objet était une plaie béante qu'il gardait secrète. S'il se taisait, c'est que non seulement il avait peur de ne pas être cru, mais de façon plus profonde lui-même préférait ne pas y croire. Comme tout être humain, ce qu'il ne voulait pas savoir, c'est qu'il avait manqué d'amour. De fait, il portait une grande violence en lui, ni plus ni moins celle qu'il avait reçue.

Je passe les détails de son analyse passionnante ; je vais juste m'appesantir sur deux moments forts de sa trajectoire qui ont radicalement changé son point de vue. En analysant la violence qu'il reproduisait avec ses enfants, il repère qu'il était pris dans un mécanisme d'horlogerie très fine qui le délogeait de lui-même en faisant advenir hors de lui l'héritage de sa mère. « À ce moment-là, me dit-il, c'est comme si je me succédais, pardon, je me suicidais sur mes enfants en les “tuant”. » Ce lapsus est la clé de cette violence qui le dépasse. Son suicide djihadiste où il s’explose en faisant exploser l’entourage révèle ce dont il est question : très précisément une succession. Il inverse les rôles en devenant l’enfant, et par lui passe un *su* enfoui au fond de ses tripes auquel il cède et qu’il passe à ses enfants. Nommément le *su* reçu de sa mère : elle disait que c’était un nazi tout en se posant en victime, ce qui l’enfermait à double tour dans une immense détresse et dans une incompréhension la plus totale.

En faisant l’enfant avec ses enfants, il leur laisse la charge de porter une histoire que lui-même, à l’instar de sa mère, ne leur a pas transmise. Il découvre ainsi qu’elle s’est fait passer son passé en le lui passant par le sang. Il voit depuis l’ampleur de l’histoire de sa mère marquée du sceau des camps de concentration. Son grand-père est mort à Auschwitz, mais tout cela était nimbé d’un silence de mort qui rendait le nazisme omniprésent en viciant l’atmosphère de sa maison. Le nazisme a été l’effacement des traces d’humains sur cette terre mais les survivants ont ré-effacé les traces de cet effacement en le faisant passer sous silence, à leur tour, à leurs enfants.

En mettant les morceaux du puzzle à leur place, il se rend compte qu’à quatorze ans le mot « profil » était une énorme énigme. Il était suspendu à ce mot qui ne voulait rien dire pour lui. Ce que je relève : « Le prof il ne voulait rien vous dire ! » Il n'y avait en effet personne pour lui expliquer l'histoire de sa mère qui était devenue son histoire. Il n'y avait pas de prof là-dedans ! Par quoi l'histoire, à défaut de transmission, s'était transmise intégralement. Il avait intégré l'humiliation, la destruction la plus vive parce que la plus niante au point de devenir nazi comme elle par moment. Elle qui l'accusait de l'être au moment où elle sortait d'elle-même. La reproduction était le prix de l'effacement de la torture que lui-même avait subie par effet de dominos.

L'histoire s'était de fait transmise intègre allemand. Il avait par sa mère intégré le nazi qu'il devenait par moments au point d'effacer les traces de la torture que lui comme elle avaient vécue.

Pour retrouver sa propre peau lavée d'une histoire qui ne lui appartenait pas, si ce n'est à titre universel, il a fallu qu'il verse des torrents de larmes, qu'il réalise et exprime sa peine d'enfant tressée à celle de sa mère pour solder définitivement sa peine de prison.

Même le sang parle, c'est quand on voit rouge et qu'on a mal qu'on peut le ressaisir.

Nazi nazi nazi !
HAN !
Nazi nazi nazi nazi nazi !
Attention, les enfants, ma maman arrive !
CATHERINE

« SCIENCE SANS CONSCIENCE N'EST QUE RUINE DE L'ÂME »

Des années d'expérience de la psychiatrie m'ont conduite à un constat : le traitement de la folie dans le système capitaliste est plus fou que la folie elle-même. Il est la caricature de son fonctionnement. En effet, la psychiatrie, à savoir le champ de la détresse, du conditionné et de l'illusion inhérent à l'homme, est aux mains de l'administration. Cette administration est soumise aux laboratoires qui ont acheté et vendu la classification DSM où à chaque symptôme correspond un médicament spécifique. Le psychiatre est ainsi sommé de devenir un technicien sans tête, sans cœur ni états d'âme. Il doit impérativement suivre les protocoles émis sous peine de sanction disciplinaire. Ce système installe l'autoritarisme par la peur de façon subreptice et silencieuse. Il installe la défiance entre le médecin et les patients en contraignant le médecin à la démission *via* la soumission obligatoire. Il se sert d'une pseudo-rationalité exclusivement descriptive visant à faire fructifier les laboratoires aux dépens des patients et des médecins qui eux sont sous la loi de l'économie et de la rentabilité.

Ce qui est énorme aujourd'hui, c'est que le système où l'on vit a érigé la folie en loi, l'emprisonnement et la souffrance en normes. Le point de vue dominant est qu'il ne peut y avoir de changement positif, l'idéalisation de schémas de négation en leur transmutation positive qui est le propre du travail de la pensée se voit reléguée au domaine de l'utopie. Par quoi il ne reste que la terreur, l'anticipation du pire et la prescription de l'oubli, d'autant que la consommation se voit restreinte et que cette illusion de bonheur que cette société proposait a explosé.

Or, si le capitalisme est la ruine de l'homme, ce n'est pas tant par les ruines économiques que ce système ne peut qu'engendrer, c'est, comme le disait génialement Rabelais, que « science sans conscience n'est que ruine de l'âme ». Cette phrase que nous avons vidée de sa substance à force de l'avoir ânonnée à l'école a perdu de sa puissance, qui s'est absorbée et érodée en nous par la répétition.

Or elle anticipait mot à mot la cause de l'autodestruction humaine immanente à ce système. Elle en pré-dessinait le schéma de façon prémonitoire avec une immense profondeur de vue. En effet, à partir du moment où la révolution industrielle érigeait la science en religion en discréditant toute connaissance intérieure à l'homme et spécialement « les sciences humaines », elle séparait l'esprit humain du savoir, qui s'est autonomisé et fétichisé en se détachant de ses auteurs. Le signifiant « La science » est la marque de fabrique du système capitaliste. C'est en cela qu'autour du savoir, de « La science » émane une fascination mêlée de peur car ce savoir apparaît comme non habité, non émanant des hommes, qui du coup se voient castrés de la jouissance inhérente à la dimension transformable de l'esprit qu'ils ne connaissent plus. En devenant religion de la science, ce système s'est contenté de produire une foule d'hommes en fuite d'eux-mêmes, gavés d'antidépresseurs, perfusés virtuellement à la vie des people, c'est-à-dire à la vie des autres, hypnotisés par la technologie, qui est la seule magie vendue et autorisée, eux qui du savoir (de la science) n'ont droit qu'à ses retombées. Or, ces écrans technologiques vampirisent et raptent les esprits et les sens, par quoi, dépossédés du savoir qu'ils ont à l'intérieur d'eux-mêmes, ils n'ont plus d'espace ni pour penser ni pour jouir. Là est, de surcroît, la ruine de l'âme. Le problème de l'homme commence quand lui-même devient un système, car un système c'est avant tout insiste, aime, et oublie-toi !

Pilule bleue
Achetez !
Pilule rose
Vendez !
Pilule bleue
Achetez !
Pilule rose
Vendez !
Le cours de sa dépression est stable.
RRON ZZZZZ
CATHERINE

L'ARGENT

Le cœur sans cœur du système capitaliste est l'argent. C'est autour de son mythe et de son idéalisation que ce système fait circuler la destruction de la vie sous toutes ses formes, en contraignant l'homme à se limiter à fonctionner comme une machine performante et rentable, alternant entre domination et soumission.

Comment cette destruction de la vie s'est-elle produite ? Le problème est que l'argent est passé du symbole de la valeur des choses au symbole de la valeur de l'homme. Lorsque l'argent est un instrument d'échanges de biens matériels, le but de l'homme est l'humanité. En devenant le but et la fin de la vie, les biens matériels sont devenus ce par quoi l'homme s'attribue de la valeur. C'est dire qu'il ne s'attribue dans ce système aucune valeur intérieure et c'est ainsi qu'il réduit l'amour, la créativité, la souffrance, le chemin de pensée à rien, au bénéfice de l'extérieur, de l'artifice qui est son mode d'être vu, lui qui n'existe plus. De cela relève la mise exclusive sur le paraître, le faux et la dévaluation du savoir.

De cette inversion des valeurs a résulté le vol légalisé pour une petite minorité qui a asservi les États et mis le droit de son côté, au détriment de la quasi-majorité qui se voit rabattue par nécessité dans la fuite vers la matérialité au détriment de la spiritualité. Spiritualité qui, petit à petit, s'est réduite à une peau de chagrin. Autrement dit, la folie aux commandes de la planète vide de sens et avide de biens a entraîné dans son engrenage glacial toute la population à courir derrière l'appât et le leurre du bien, qui équivaut à la fuite et à l'enfer de la méconnaissance de soi obligatoire. Cette minorité a même réussi à vendre son modèle de jouissance pour acheter une légitimité à sa maladie du vide de l'argent à outrance. En aspirant toutes les richesses de la planète et des hommes, en exaltant les marques de luxe et en créant le manque par son vol, elle a réussi à transmuer l'argent en idéal.

De surcroît, dans ce système la matérialité de l'échange tamponne l'échange verbal. L'économie mentale se concrétise et s'organise autour des crédits et de la dette, des achats et des dépenses, de l'accumulation et des jeux d'argent. Or ces organisations symbolisent toutes des modes de pensée écrasée. Le souci du crédit fait écran à la question de « à qui on fait crédit et pourquoi ». Le problème de la dette tamponne la question de la dette symbolique, ce que l'on croit devoir, la culpabilité qui se cache derrière la dette qui fait elle-même écran à ce que l'on croit sans le savoir. Le problème des dépenses remplace les pensées, l'achat compulsif se substitue à la lâcheté, au désir d'acheter des marques pour être aimé. Cette concrétude de l'échange, de l'économie mentale, bloque la parole sur la souffrance, sur les richesses enfouies, sur la question de ce que l'on aime, sur ce qui fait vibrer, sur la question de sa vie.

L'argent se substitue aux sens de la souffrance qui à ne pas être extériorisée, uniquement colmatée par le but-j'ai, empêche également la joie, la créativité, la révolte, l'exploration de toutes ces richesses qui avec la souffrance se voient ignorées. C'est le sens de soi qu'il est urgent de retrouver.

argent
rendement
Bourse
capitalisme
marchés
OPA
productivité
Ça fera 70 euros.
J'ACHÈTE !
?
CATHERINE

LE PALPITANT DE LA PENSÉE

Walter Benjamin disait cette phrase étrange à propos de la pensée : « Le mur des mots qu'elle est occupée à sonder protège de son autorité la pensée sans abris. »

Le génie de cette phrase est de resserrer en une condensation magique une multiplicité de sens que son auteur sort de l'eau. Flots de sens dans lesquels nous sommes immergés à l'aveugle au point qu'il nous arrive de croire à l'insignifiance de notre vie ! En un seul jet il montre la liberté de la pensée, sa façon de franchir les barrières mentales où nous sommes enfermés. Il noue l'espace d'un tracé, le rapport étroit de la pensée aux mots qui se révèlent être les parois de notre prison intérieure et en même temps la source de sens qu'il y a à sonder pour se dépasser et se retrouver.

Cette phrase est d'une fécondité extraordinaire si on est attentif aux raisons de la gravité de la vie humaine qu'elle diffuse en effervescence. En effet, elle fait dériver la question de l'autorité, des mots. C'est ce point brûlant que je vais examiner.

L'homme est un être qui sans le savoir a peur de tout. D'abord de l'autre mais surtout de lui, qu'il passe son temps à fuir. Cette terreur émane de façon subliminale du passé : de la peur de l'autorité parentale. Cette autorité est intériorisée au fond de soi. Pourquoi ? Enfant, le petit homme n'a pas d'autre choix que de croire l'autorité parentale, ses a priori, ses codes, son moule hérité, la lecture erronée qu'elle a de l'enfant, son jugement et sa fausse certitude. De fait, l'enfant est abusé nécessairement par ses parents car il n'a pas d'autre choix que de les croire et de boire leur pouvoir. Néanmoins si cet abus conditionne la douleur, l'aveuglement et la répétition des mêmes ratages à l'âge adulte, dans le même temps le refoulement fixe et dénoue cet abus en se cristallisant dans le sens interdit des mots refoulés. Ce qu'il y a d'important, c'est que le sens interdit des mots refoulés est le relais de l'abus parental. Ce sont eux qui sont réactivés par l'extérieur, ce sont eux qui agiront l'individu inconsciemment à ses dépens. À partir du moment où les mots sont refoulés dans l'inconscient, ils boivent du sens qu'ils soustraient à la conscience. C'est par eux et non plus par l'autorité externe que par la suite l'homme sera abusé.

Lacan a mis en relief cette dimension fondamentale de l'inconscient à l'origine de la métaphysique. Il y a plusieurs millénaires, la Bible l'avait parfaitement mise au jour par cette phrase qui illuminait le monde : « Au commencement était le Verbe. » Néanmoins Lacan a réduit ce sens à quelque chose de spécialement « con ». Or ce sens est d'une précision et d'une richesse inouïes : il est circonscrit par la grammaire du mot dans lequel il prend forme, il relève d'une date conditionnant le cycle des répétitions du ratage dans l'histoire de l'homme, il conjoint le rapport du sujet à l'autre, il note le déséquilibre de la relation et le leurre dont ce déséquilibre procède. Il ouvre par la prise de conscience de son sens global la possibilité d'un recentrage. Mais surtout la connaissance de l'inconscient montre quelque chose de difficilement réalisable, l'autonomie et la puissance de la vie en nous, l'existence d'une pensée qui nous transcende, qui concerne notre vibration singulière mais aussi, au-delà de nous, l'universalité de l'esprit. Dont l'éclairage laisse éclore le palpitant.

Ce qui nous laisse sur une question : d'où vient ce lien réel entre le cœur et l'écoute ?

Au commencement était ma mère.
Ma mère a créé le Verbe.
Puis le sujet (elle).
Puis le complément (mon père).
Puis le complément d'objet indigne et décevant (moi).
CATHERINE

LA CAPACITÉ DE S'AIMER

Je veux parler de la difficulté que l'être humain rencontre à s'ouvrir aux questions que pose l'autre dans sa différence, à faire une place à cette différence et, à partir de ceci, à reconnaître qu'il n'en fait aucune à la sienne : ni à l'écart entre ce qu'il veut et ce qu'il fait, entre ses désirs et ses ratés ; ni à l'écart entre les réels qui causent ses peines et ses joies et ces réels mêmes. Il préfère nier les motifs qui se cachent derrière l'émotif, censurer l'émotion, de crainte d'être surpris en flagrant délit de manque de maîtrise.

Or cette attitude a une raison : la peur. La peur qu'a l'individu de retourner sur les chemins de son passé, de revisiter ses amours infantiles dans leur réalité, de voir vraiment où il était dans ses émotions anciennes qui, par moments, resurgissent à ses dépens. Ordinairement il préfère la nostalgie, qui est, en grec, étymologiquement, la souffrance du retour et que je traduirais par le choix de la souffrance en tant qu'elle figure à tort pour l'homme une preuve d'amour. Ce choix accule l'être très loin hors de lui, puisque c'est ce refus du retour, ce refus de penser à lui, qui le conduit à tenter vainement de trouver un refuge dans ce que le regard de l'autre dit de lui, et donc à ne plus être soi-même.

Le même recherché en amour ne peut, à la longue, que se déprécier dans l'insatisfaction, la souffrance et l'anxiété en ceci que la clé de ce que l'on est, la clé de son identité à laquelle l'autre est substitué, aucun autre ne l'a si ce n'est soi. [...] Comme le dit si bien Milan Kundera dans *L'Ignorance*, « En espagnol, *Añoranza* vient du verbe *Añorar* (avoir de la nostalgie) qui vient du catalan *Enyorar* dérivé du mot latin *Ignorare* (ignorer). Sous cet éclairage, la nostalgie apparaît comme la souffrance de l'ignorance ». L'expérience montre qu'on a le choix : souffrir de l'ignorance pour entretenir la nostalgie d'un rêve d'amour originaire et absolu, ce qui contraint l'homme à ne jamais vivre l'amour (ses plaisirs et ses peines) quand il est là, là où il est, à n'être jamais dans le moment pour maintenir le fantasme de son tout. Ou bien on choisit de cesser d'ignorer et d'entamer l'amour de son rêve, ce qui est la seule condition pour que, dévêtu de ses oripeaux métaphysiques, l'amour, c'est-à-dire la relation à l'autre, se déleste de sa fatalité et devienne, avec soi, réalité.

[...] Ici la société et le sujet se rejoignent ; dans la recherche d'autorité dont on dépend, mais dont on connaît l'abus de pouvoir. Cette autorité, c'est autant celle du système social, politique, économique, que de l'autre, dont l'abus est au grand jour, mais dont on ne peut se passer. C'est le même mécanisme qui assaille l'individu, lui qui hésite, qui a peur d'être libre, de suivre son désir, de construire sa vie ; lui qui aime avoir la bénédiction d'une autorité, et ce faisant ressent l'humiliation que produit le besoin de demander la permission.

Droit et psychanalyse se rejoignent sur un point commun, car ce qui est au principe du droit — liberté, égalité, fraternité — est le but de la psychanalyse. Le droit d'un point de vue collectif et la psychanalyse d'un point de vue individuel ont pour fonction de limiter l'abus chez l'homme en le régulant. Car si la psychanalyse a découvert quelque chose de fondamental, à savoir que la souffrance humaine dérive de l'abus, cet abus, à son tour, dérive de la croyance, c'est-à-dire de tout ce que l'on a bu, de tout ce qu'on a cru. Abuser de l'autre n'est pas une marque de toute-puissance perverse, abuser est une marque d'aliénation, et être abusé par l'autre également. Or, pour sortir de ces rapports de domination et découvrir un rapport positif à l'autre, ouvert, non fondé sur la négation de soi et donc de l'autre, il n'y a pas d'autre moyen que de se défaire de toutes les illusions avec lesquelles nous avons été préconçus*.

* Ce texte est paru dans l'ouvrage *La Capacité de s'aimer*, Payot et Rivages, mai 2015.

Snif snif
Ça sent le chou, ou quoi ?
Toi, tu t'es encore enfermé dans ta nostalgie tout le week-end !
Aère un peu !
Mais non, je suis bien, là, dans mon odeur de pet.
CATHERINE

Table

Une séance avec ELSA CAYAT, la psy de "Charlie"

CATHERINE
12 janvier 2015